LITERATURE
AND
ART
STUDIES
SERIES

文艺研究小丛书
(第四辑)

中国美学的
身、物、图、画

刘成纪 ◎ 著
黄雨伦 ◎ 编

文化艺术出版社
Culture and Art Publishing House

图书在版编目（CIP）数据

中国美学的身、物、图、画 / 刘成纪著；黄雨伦编. 北京：文化艺术出版社，2025.3. -- （文艺研究小丛书 / 张颖主编）. -- ISBN 978-7-5039-7740-4

Ⅰ.B83

中国国家版本馆CIP数据核字第2024QS6075号

中国美学的身、物、图、画
《文艺研究小丛书》（第四辑）

主　　编	张　颖
著　　者	刘成纪
编　　者	黄雨伦
丛书统筹	李　特
责任编辑	贾　茜
责任校对	董　斌
书籍设计	李　响　姚雪媛
出版发行	文化藝術出版社
地　　址	北京市东城区东四八条52号（100700）
网　　址	www.caaph.com
电子邮箱	s@caaph.com
电　　话	（010）84057666（总编室）　84057667（办公室） 　　　　84057696—84057699（发行部）
传　　真	（010）84057660（总编室）　84057670（办公室） 　　　　84057690（发行部）
经　　销	新华书店
印　　刷	国英印务有限公司
版　　次	2025年3月第1版
印　　次	2025年3月第1次印刷
开　　本	787毫米×1092毫米　1/32
印　　张	6
字　　数	100千字
书　　号	ISBN 978-7-5039-7740-4
定　　价	42.00元

版权所有，侵权必究。如有印装错误，随时调换。

总　序

张　颖

2019年11月，《文艺研究》隆重庆祝创刊四十年，群贤毕集，于斯为盛。金宁主编以"温故开新"为题，为应时编纂的六卷本文选作序，饱含深情地道出了《文艺研究》的何所来与何处去。文中有言："历史是一条长长的水脉，每一期杂志都可以是定期的取样。"此话道出学术期刊的角色，也道出此中从业者的重大使命。

《文艺研究》审稿之严、编校之精，业界素有口碑。这本质上源于编辑者的职业意识自觉。我们的编辑出身于各学科，受过严格的学术训练，在工作中既立足学科标准，又超越单学科畛域，怀抱人文视野与时代精神。读书写作，可以是书斋里的私人爱好与自我表达；编辑出版，是作者与读者、写作与出版的中间环节，无时不在公共领域行事，负有不可推卸的公共智识传播之责。学术期刊始终围绕"什么是好文章"这一总命题作答，更是肩负着学术史重任，不可不严阵以待。本着这一意识做学术期刊，编辑需要端起一张冷面孔，同时保持一副热心肠，从严审稿，从细编校。面对纷繁的学术生态场，坚持正确的政治导向，保持冷静客观的判断；面对文字、文献、史实、逻辑，怀着高于作者本人的热忱，反反复复查证、商榷、推敲、打磨。

我们设有相应制度，以保障编辑履行上述学术史义务。除了三审加外审的审稿制度、五校加互校的校对制度，每月两度的发稿会与编后会鼓励阐发与争鸣，研讨气氛严肃而热烈。2020年5月，在中国艺术研究院各级领导大力支持下，杂志社成立艺术哲学与艺术史研究中心。该中心秉持"艺术即人文"的大艺术观，旨在进一步调动我刊编辑的学术主体性与能动性，同时积极吸收优质学术资源和研究力量，推动艺术学科体系建设。

基于上述因缘,2021年年初,经时任文化艺术出版社社长的杨斌先生提议,由杂志社牵头,成立"文艺研究小丛书"编委会。本丛书是一项长期计划,宗旨为"推举新经典"。在形式上,择取近年在我刊发文达到一定密度的作者成果,编纂成单作者单行本重新推出。在思想上,通过编者的精心构撰,使之整体化为一套有机勾连的新体系。

编委会议定编纂事宜如下。每册结构依次为总序、编者导言、作者序、正文。编者导言由该册编者撰写,用以导读正文。作者序由该册作者专为此次出版撰写,不作为必备项。正文内容的遴选遵循三条标准:同一作者在近十年发表于《文艺研究》的文章;文章兼备前沿性与经典性;原则上只选编单独署名论文,不收录合著文章。

每册正文以当时正式刊发稿为底稿。在本次编撰过程中依如下原则修订:(1)除删去原有摘要或内容提要、关键词、作者单位、责任编辑等信息外,原则上维持原刊原貌;(2)尊重作者当下提出的修改要求,进行文字或图片的必要修订或增补;(3)文内有误或与今日出版规范相冲突者,做细节改动;(4)基本维持原刊体例,原刊体例与本刊当前体例不符者,依当前体例改;(5)为方便小开本版式阅读,原尾注形式统改为当页脚注。

编研相济,是《文艺研究》的优良传统。低调谨细,是《文艺研究》的行事作风。丛书之小,在于每册体量,不在于高远立意。如果说"四十年文选"致力于以文章连缀学术史标本,可称"温故",那么,本丛书则面对动态生成中的鲜活学术史,汇聚热度,拓展前沿,重在"开新"。因此,眼下这套小丛书,是我们在"定期的取样"之外,以崭新形式交付给学术史的报告,唯愿它能够为读者提供一定帮助或参照。

编者导言

黄雨伦

对于一个亲近中国古典美学的人来说,最珍贵的莫过于那些在阅读、欣赏过程中产生的或幽微或开阔的体验,当中有一种心性的砥砺和生命的安顿。不论是好理趣者、好性灵者还是好于象外得悬解者,都可从中国美学里获得一份珍贵的馈赠。实际上,自宗白华起,中国古典美学的研究者便一直致力于在与西方的比较中探求中国文化精神的独特意趣,将诗性体悟、人生经验与贯通天人的美学思考相结合,在阐释传统文化的同时，为中国古典艺术尤其是文人艺术建构一个价值可以在其中得到充分辨认、肯定的空间。在宗白华之后，中国古典美学研究在历代学人的发掘、整理、阐释之下越发繁荣，并始终超出学院化建制的藩篱，保持着一种"为人生"的关切。

然而，作为哲学大类下的一门学科，美学在张扬主体感性之外，仍应有坚实的理论基础和知识脉络，具体到中国美学史则更是如此。但是，倘若我们以一种知识的品格要求并审视相关研究，便会发现一种无法回避的困难：这一困难部分来自"中国"，在西学东渐的背景下，美学学科作为舶来品，如何才能与中国历史的实相相互照亮、形成洞见，而不至于歪曲后者的面貌；部分来自"美学"，由于美学理论和审美偏好本身的不断变化，美学史的书写难以在一个被普遍认同的、恒定的框架下进行。对美是什么，艺术是什么，古代中国社会中政治、文化、艺术间关系等问题过快的判断，使研究者往往因"不假思索"而未能直面中国美学史中那些重要却尚未勘探的阴影之地。

本书收录刘成纪教授于2007—2023年在《文艺研究》发表的五篇文章，其时间与主题的跨度不可谓不大。这些文章既是他对中国美学中身、物、图、画等问题层层深化的追问和思索,也承载了一份深厚的学术责任感,即通过一种有具体锚点的对象性研究,赋予中国美学史坚实的知识性特质。

近年来,刘成纪教授一直坚持"最大限度地让美学史研究回归中国历史自身"[1]。深受现代、后现代诸多思潮影响的我们都明白,一切历史都离不开当代视角的建构,因而每当学者谈及"回归现场""回归历史自身"时,总免不了一番自我诘问:历史的本相是可以抵达的吗?这一问题或许难以回答,但视美学史为具有美学和历史双重品格的研究,就意味着不再从一种被预设的、固化的"美学"标准出发去拣选历史的材料,而是将美学视为一种不断变动的感觉结构、一种沟通真与善的世界图景、一种哲学互渗互证的精神机制。如此的美学史是一系列尚待得出的结论而非已经知道的答案,是可累积的、可争论对错的知识生产,即便不能说是最严格意义上的"信史",它也在不断向"真"敞开自身的过程中,成为最大限度的"信史"。

这种"回归历史自身"需要面对的另一难题,是如何选择富有潜能的切口,激活在传统美学史叙事中业已僵化的"信

---

[1] 易冬冬:《历史、理论与价值:我的中国美学史观——访刘成纪教授》,《哲学动态》2024年第3期。

条"。在笔者看来，刘成纪教授的选择敏锐而富有进攻性。以"身体"这一中国古典美学的重要范畴为例。《中国古典美学中的身体及其映像》（原刊《文艺研究》2007年第4期），是本集收录文章中发表时间最早的一篇。这篇文章所探讨的身体有物性存在的一面，也可以作为一种观念和范式重构美的自然和艺术。不同于西方思想将身体理解为一种纯粹的物质性存在，中国美学中的身体既建基于肉体，又是一个包括生命、情感、思想和精神的有机生命形式。如果说先秦哲学倾向于以道论和元气自然论为基础，构建人与世界的同性、同质关系，那么汉代哲学则将这种抽象的一致具体化为人的身体与世界的同体、同构关系。在秦汉身体理论的影响下，后世中国艺术理论惯用"神""骨""肉""精"等范畴描述艺术，艺术也就成了身体的映像。

《西周礼仪美学的物体系》（原刊《文艺研究》2013年第1期），文章尝试将西周礼仪作为美学命题来讨论，认为礼可以被理解为一种建基于身体、追求行为雅化的艺术行为。在此，身体的重要性再次凸显。在礼用感性的身体彰显精神的过程中，身体成为一种更具物质性的表意符号，其表意功能的实现，离不开服装、佩饰这类"身边之物"的强化和渲染，而器具、建筑、城市这类"身外之物"则被配置规划为一个意义空间，社会政治伦理观念于其中得到彰显。所谓"西周礼仪美学的物体系"，指的正是这一由礼器连缀而成的物化的表意体系。

如果我们采纳贝尔的观点，将艺术视作"有意味的形式"，那么对于古代中国而言，不仅某些艺术形式中蕴含的"意味"很是复杂，完全超出现代意味上的审美愉悦，那些具有意味的"形式"本身也十分多样，并不能为所谓"八大艺术"或"九大艺术"的名目所涵括。上述两篇文章将身体、服装、配饰、器具、建筑等把握为具有政治伦理和审美潜能的意义物，在此过程中，"有意味的形式"中"形式"一端的内涵得到拓展。同时，形式中所蕴含的"意味"得以被更精细、具体、语境化地辨认，从而在审美功能之外，攫取到艺术所承载的认知价值与象征意义。

本集中收录的另外三篇文章则与图像有关。在《中国画史中的图、画之辨》（原刊《文艺研究》2018年第3期）一文的末尾，刘成纪教授指出，自阿比·瓦尔堡以来，图像学研究"基本搁置了对绘画审美鉴赏价值的关注，而将其作为认知或识读的对象，以探寻其中隐藏的历史奥秘和哲学象征意义"，大量不被传统艺术史正视的图像也被纳入视觉艺术研究的范围。或许正是出于相似的原因,刘成纪教授对图像的兴趣也从不拘囿于传统宫廷画、文人画等更具备审美价值的创作,显得颇为"不同寻常"。

《汉代图像世界与大一统美术之诞生》(原刊《文艺研究》2017年第3期)所关心的汉代图像就不仅包括画像砖石、帛画、漆画等传统的艺术图像,还涵盖了自然性的灾异祥瑞和人文性的图谶等非艺术图像。文章指出,理解汉代美术的前提就是理解汉代人纵贯天地人神的宇宙观。它有两个重要的侧面。其一,须理解汉代哲学的"大一统"在很大程度上是包括传统道家、阴阳五行、易学、儒学在内的诸哲学流派向宇宙论的汇入,这一宇宙论以天人共感为基础,通过祥瑞、图谶等形式感性化的显现,具有鲜明的图像性质。汉代美术之所以能够将天地人神一并诉诸图像表达,正是根基于此。其二,汉代艺术表达与这一时期的宇宙观念也是一统的。汉代美术承接了哲学、神学上的天地一统、人神一统、生死一统之观念,又以艺术的方式实现了对天地时空格局的模拟,从而成为汉代宇宙观念的视觉形态。

《中国画史中的图、画之辨》则通过细致地辨析"图"与"画"这组中国艺术史中相互纠缠的概念,构成了现代艺术学研究中图像与绘画关系讨论的"历史版"。在中国古代历史及美学的语境内讨论广义图像的必要性何在？在笔者看来，这篇文章对这一问题给予了极具说服力的回应。刘成纪观察到，在中国古代绘画史中，画家虽然以作画为职业，却更愿意称自己的作品为"图"。这种以图称画的"无意识"，正是"图"在中国文化中更本源性位置的折射。秦汉时代，"图"比"画"具有更深邃的表意功能，它具有深层的认知目的，而非像画一样更偏重形式审美的一面。及至汉代和南北朝，"图"与"画"始终保持着一种包含与被包含的关系，前者涵盖的范围较单纯的绘画更为广泛。最重要的，由于河图在中国文明史中的神圣地位，使得图因神学的支持而具有神圣性。因此，虽然魏晋以降的中国绘画日益趋向心灵化和审美化，但中国画仍以"图"自称，正是为了将"画"的价值奠基于某种更为宏大、深层、神圣的意义之上。此外，这些绘画也可被理解为人之心灵宇宙的内图景，在审美之外，仍有一种作为图像的认知价值。

《中国画史中的犬马与鬼魅之辨》（原刊《文艺研究》2023年第4期）讨论的则是更为传统的中国画。然而，刘成纪教授却一反以往认为中国美学强调写意，西方美学强调写实的判断。面对北宋以前的中国前期艺术史，他巧借韩非子的犬马与鬼魅之辨来讨论中国画也同样追求"图真原则"。通过考辨这一事件在历代的不断回响，文章一方面推论求真或写实是纵贯中国汉唐画史的基本原则，且这一艺术原则富有实践约束力；另一方面勘察真实观念的具体流变，真实从两汉时期追求形似的"旦暮罄于前"，到魏晋六朝时重视事物内在气韵和灵质的真实，再到唐代"气韵生动"所涉及的更为复杂的真实判断。

多年以来，笔者一直非常喜欢阅读刘成纪教授的文章，原因无他，只是喜欢文章中强烈的论证色彩和实事求是的精神：为了证明某一想法的合理性，摆出具体的文献证据一一加以分析，再佐以旁证，对可能有的反对意见予以辩驳。但在刘成纪教授的文章中，又总有溢出的部分，文献并不仅仅是作为一则材料、一个论据，被简单"收编"在论述里，而总能携带着自身的历史、观念和诸多的丰富性，与读者碰撞出火花。但凡论证，总会有人同意，有人不同意，但大约没有人可以否认刘成纪教授文章中蕴含的巨大启发性。它们让性灵的美学变为落地的、可以争论对与错的知识，而这正是学术中最为重要的——求真的精神。

作者序

刘成纪

近10年来,我写了一些重建中国美学和艺术史的文章,主要是反思现代美学史观导致的中国美学和艺术史研究的狭隘化问题。在方法论层面,我多次提出中国美学史研究亟待"重新历史化"或"回归中国历史本身",同时也言及我国学界为试图恢复中国美学的"本来面目"所做的种种努力。目前看来,这项工作还是卓有成效的,它起码为中国美学史研究开启了更多元的面向,也在某种程度上使西方现代启蒙美学在美与自由之间进行的深度捆绑有了松动的迹象。

但是新的问题也随之而来,即中国美学有所谓的"本来面目"吗?众所周知,美学像其他人文科学一样,均是近代西学东渐的产物。传统中国有经学、子学乃至诗学和画学,但并没有美学和艺术学。这意味着任何关于中国美学和艺术史的书写,均具有以现代视野重建传统的性质,而这种"重建"本身就是外在于中国历史的。当然,这种状况在西方同样存在。像在18世纪以前,西方也没有美学学科和现代意义上的艺术概念,它的美学和艺术史也来自"以今观古"式的历史重建。但比较而言,西方现代学科建制毕竟与其前期历史保持了更高的契合性和历史连续性,而中国则不但自身历史外在于美学,而且其文明和文化也外在于西方。这意味着,虽然今天人们谈论"中国美学"和"中国艺术"已经习以为常,但事实上传统中国并没有一个现成的美学和艺术史摆在那里供人研究。它既外在于中国历史,又外在于中国文明。这种"二重"的外在,使所谓中国美学的"本来面目"问题,从根本上丧失了它的"本来"属性。

当然,在如上背景下,如果我们不对所谓的学科自觉持过于严苛的立场,仍然可以接受中国有一个稳定的美学和艺术传统。这是因为，传统中国虽然没有创制出独立的美学学科或关于艺术的体系性概念，但并不能说它没有关于美和艺术的具体创造和理论思考。相反，它在这方面形成的历史积淀，甚至比世界其他文明都要雄厚得多。这就是人们通常所讲的传统中国的"有美无学"问题。同时，在中西之间，虽然知识体系存在差异，但真、善、美依然构成了人的基本认知框架，科学、道德、艺术是其相应的知识形态。这似乎意味着，围绕其中的美和艺术是否曾经建构出自觉的学科并不重要，因为这不过是形式性、框架性的，关键在于它背后承载的内容是否反映了人类的普遍性。换言之，这种为美和艺术奠基的共同人性、共同感觉力及相关创造，可以使人避免过度纠结于某一学科的文化归属问题，转而关注其内在的共性和互通性。

但即便如此，就能说中国美学和艺术有一个"历史本身"或"本来面目"吗？我想答案依然是否定的。这是因为，如果我们相信人有共同人性以及关于美和艺术的共同感觉力，那么由此导出的美和艺术的"本来面目"就不是单属于中国的，而是一种面向全人类的共同遗产。当这种共同性被以定义的方式给予确认和阐释，进而就走向了一种美和艺术的本质主义。与此一致，谈中国美学和艺术的"本身"和"本来面目"，同样是本质主义的,它不过是把本质概念的有效范围限制在了传统中国的范围之内。这意味着,说中国美学有一个恒定的"本质"或"本来面目",就预示着它的数千年历史只不过是围绕同一主题的无限重复,这在根本上是反历史的。相反,如果说中国美学和艺术的历史缺乏必要的稳定性和内在统一性,或者对于中国历史的专属性特征,那么在一部美学或艺术史的前面冠以"中国"二字,也必然会变得毫无意义。

在为这本小书写的序言里,我之所以以反诘方式提出种种对中国美学和艺术史存在正当性的质疑,并不是否定这项研究的意义,而是试图为它开出一个更富活力的前景。比如在中西之间,当我们意识到美学学科在根本上外在于中国,也就更能放开手脚去直面中国的相关历史,而没必要在介入之初就预先为它套上西方给予的"理论紧身衣"。当我们明白美和艺术具有普遍的人性基础,也同样没有必要为传统中国的"有美无学"过度纠结,而完全可以淡化学科概念,将它作为人类普遍智慧的结晶接收。同样,在中国美学和艺术内部,当我们意识到任何对中国历史的定性判断都是有限的,甚至是反历史的,也就会对前贤曾给予的诸多判断,如美在和谐、意境、境界、意象等的理论效能,保持必要的警惕。

基于如上背景，这本小书讨论的问题基本摆脱了对中国历史的定性判断，转而关注它的内部构成，并由此复原出中国美学和艺术存在的历史场域和历史情境。也就是说，它对这一历史所持的立场是定量的，而不是定性的；是现象呈现的，而不是理论还原的；是构成主义和情境主义的，而不是本质主义的。它更多的是想复现历史，而不是强制历史。由此回顾近年来我国美学界和艺术史界关于这一学科"重新历史化""回归中国历史本身"或恢复其"本来面目"的种种讨论，我并不相信在审美和艺术现象背后有一个终极的"历史本身"和"本来面目"，因为这一学科在中国经不起还原，还原到最后甚至连美学和艺术学都没有。唯一值得关注的是它的"重新历史化"，因为这有助于避免今人将一厢情愿的历史想象视作历史真实，有助于历史真正从内部打开并呈现它自身。

同样，在中西之间，本书也避免进行非此即彼的差异化论述，而是以共同的问题域为基础，探寻中国人对相关问题的独特认识和思考。如上所言，只要相信人有共同人性和共同的感觉力，中西之间可通约的部分永远会大于差异或对立的部分，这是可以借助原产于西方的美学和艺术学重建中国历史的立论基础。在价值层面，我也相信人文科学的意义永远是在不同文化和族群之间架起桥梁，而不是筑起墙壁，否则它就失去了基本的人文性。总之，"世界视野，中国问题"是作者多年秉持的学术立场，探索一种从中国出发的世界性，则是这项研究的目标所在。

一种宽泛的中国美学和艺术史视野正是由此而起的。本书讨论的中国美学的身、物、图、画等问题，为相关研究提供了案例。

2024 年 8 月 28 日

目录

001 中国古典美学中的身体及其映像

028 西周礼仪美学的物体系

059 汉代图像世界与大一统美术之诞生

092 中国画史中的图、画之辨

117 中国画史中的犬马与鬼魅之辨

中国古典美学中的身体及其映像

2002年,美国哲学家理查德·舒斯特曼(Richard Shusterman)的《实用主义美学——生活之美,艺术之思》在中国出版。在这本书的末章,他提出了建立"身体美学"(soma-aesthetics)的设想,并声称"受到了中国哲学和其他古代亚洲哲学的鼓励"[1]。但是,舒斯特曼实用主义哲学的背景,明显制约了他对中国美学中身体问题的理解。在他看来,"中

---

1 [美]理查德·舒斯特曼:《实用主义美学——生活之美,艺术之思》,彭锋译,商务印书馆2002年版,第5页。

国文化将对身体的理论肯定与改善我们运动与人精神集中能力的实际身体训练（诸如太极拳）的发展结合起来，使我们的行为变得更加高雅，使我们的意识变得更加愉快和敏锐"[1]。这种对身体价值的认识，对于向来重道不重技、重精神不重实用的中国美学而言，是趋于末流的。那么，中国美学中的身体是什么，它对建构中国古典美学、艺术理论到底具有什么意义？在本文中，我将试图回答这些问题，并对舒斯特曼划定的身体美学的边界进行一次东方式的拓展。

一、关于身体的哲学和美学定位

中国哲学在形而上层面讲天道自然，但其落脚点则是人当下的身心性命。对人存在命运的关切是中国哲学和美学的基本主题。那么，人在世间如何存在？对这一问题，我们可以从精神层面做出多种阐释，但对中国哲学而言，物理性的身体却构成了人存在的现实形态，而所谓的自我关切则最根本地表现

---

[1] ［美］理查德·舒斯特曼：《实用主义美学——生活之美，艺术之思》，彭锋译，商务印书馆2002年版，第5页。

为对人作为身体存在的关切。如《道德经》:"吾所以有大患者,为吾有身,及吾无身,吾有何患!"[1]对道家而言,解决这种"大患"的途径是"全德贵身"。比较言之,儒家更重视人的社会责任,但这种责任的实现,则依然以身体的直接在场和自我规训为起点。如孟子云:"人有恒言,皆曰天下国家,天下之本在国,国之本在家,家之本在身。"[2]《礼记·大学》云:"自天子以至于庶人,一是皆以修身为本,其本乱而末治者否矣。"[3]

那么,什么是中国古典美学中的身体?显然,在对人自身的认识上,中西方是存在差异的。西方哲学自毕达哥拉斯始,灵魂与肉体对立、灵魂统摄肉体是人对自身的基本认识。关于这种中西之异,法国汉学家马伯乐曾指出:

> 希腊罗马人很早就习惯于将精神与物质对立,故其宗教观认为形而下的肉体之外,另有一形而上的灵魂附于其上。但中国人从未将精神与肉体分开,他们认为世界是一

---

[1] (魏)王弼注,楼宇烈校释:《老子道德经注校释》,中华书局2008年版,第29页。
[2] (清)焦循撰,沈文倬点校:《孟子正义》(上册),中华书局1987年版,第493页。
[3] (汉)郑玄注,王锷点校:《礼记注》(全二册),中华书局2021年版,第784页。

个生生不已循环变化的整体。轻者上升为虚空,粗重者凝聚为物质。因此"灵魂"与物质的关系,从未处于相反的地位。同时,一个身体中就有好几个灵魂,所以灵魂不是肉体的旗鼓相当的对手……肉体是一个整体,是三魂七魄以及其他精与神的家。因此只有肉体长存,人才能够长生。[1]

按照马伯乐的论断,西方灵肉二分、以灵摄肉的身体观,其实是将身体做了纯粹物质化的理解。物理性的肉身和精神性的灵魂,一个来自尘世,一个来自神界,中间存在不可跨越的距离。而在中国,由于肉体是"三魂七魄以及其他精与神的家",所以身体是一个以肉体为基础、灵肉统一的有机整体。而所谓的精神,则是身体的生成物。比如就身心关系而论,孟子讲:"耳目之官不思……心之官则思。"[2] 在这句话中,孟子虽然将心视为比耳目更高级的器官,但它依然是身体的生理组成,它的"思"的能力来自身体器官从生理向心理的生发功能。《淮南子·原道训》也讲,人体包括"形神气志"四个

---

[1] 转引自〔英〕李约瑟《中国古代科学思想史》,陈立夫等译,江西人民出版社2006年版,第173页。
[2] (清)焦循撰,沈文倬点校:《孟子正义》(下册),中华书局1987年版,第792页。

方面，四者"各居其宜"才能达到生命的安泰。[1]这四个方面，除了"形"类似于西方的肉体外，神、志、气都具有精神的属性。由此看来，中国人所说的身体，一方面建基于肉体的坚实性，另一方面则是人关于自我认知的集合。或者说，身体这一概念既包括生命、情感、思想和精神，又以形体的方式显现为可以目视眼观的感性对象。这是一种构成性的全能身体。只有理解了这一点，我们才能理解为什么中国儒家将修身、正身，道家将贵身、治身视为人生在世的根本任务。

除了对身体的构成性认知外，中国哲学关于身体内在本质的认识也深具特色。比如，自先秦以至两汉的道家哲学，一直将人体和动植物均视为自然之气的凝聚，即所谓"合六气之精，以育群生"[2]。以这种"气化论"或"元气自然论"为基础，人的生死一方面表现为形体的存在和消失，另一方面则更根本地表现为气的聚合和散逸。如庄子云："人之生，气之聚也。聚则为生，散则为死。"[3]也就是说，气构成了使身体成为身体、使生命成为生命的内在本质。从史料看，这是一种被秦汉

---

1 参见何宁撰《淮南子集释》(上册)，中华书局1998年版，第82页。
2 (清)王先谦撰：《庄子集解》，中华书局1987年版，第95页。
3 (清)王先谦撰：《庄子集解》，中华书局1987年版，第186页。

思想家广泛认同的观念。如孟子云:"气,体之充也。"[1]《淮南子·原道训》云:"夫形者生之舍也,气者生之充也。"[2] 在此,气不仅构成了生命的元质,而且决定着人体的形式表现——它通过内部的充盈使人成为活跃的形象。

当中国哲学将人的存在具体为身体的存在,并用人体的有机性克服灵肉对立的二元性时,这就为从美学角度介入此一问题提供了契机。首先,气的运化形成人的肉体,也形成人的生命。这意味着身体不仅是一个物理的事实,而且是有机的生命形式。可以认为,正是作为生命存在的属性,使身体超越了单纯作为灵或肉被讨论的机械性,可以在两者之间进退自如。这种建立在气化论基础上的有机身体观,与美学对生命意味、身心和谐的要求是一致的。其次,人体的感性特征与美学作为感性学的规定具有统一性。1750年,德国理性主义者鲍姆嘉通将美学定位为感性学,认为美学研究的对象是人的感性认识能力。此后,美学研究基本围绕两个问题展开,即人和人工制品。这也是人们总是说"美学即人学"的原因所在。但从鲍姆

---

[1] (清)焦循撰,沈文倬点校:《孟子正义》(上册),中华书局1987年版,第196页。
[2] 何宁撰:《淮南子集释》(上册),中华书局1998年版,第82页。

嘉通对美学的感性定位看,"人"这一范畴太过抽象,太过大而化之,以此为核心建构的美学带有过于浓重的玄学意味。比较言之,身体则代表了人最感性的侧面——不但它的存在形式是感性的,而且由此生发的认识能力,比如五官的感觉力,也是肉身性的。身体这种既作为审美主体又作为审美对象的双重感性特征,决定了它更适宜成为美学的对象,也决定了关注人的身体的中国哲学具有鲜明的美学特性。

同时,对于中国古典美学而言,由于人体被视为生命之气充盈的形式,它的美就不能被限定在纯粹感性的层面,而是有其内在的包蕴。比如孟子,他认为修身的目的就是实现内在生命和精神力量的聚集("我善养吾浩然之气"[1])。而这种聚集的势能,又反过来外射为人体的光辉,即所谓"充实之谓美,充实而有光辉之谓大"[2]。由此看,这里的人体美虽然表现于形式外观,但这外观却是对人内在精神和生命力的透视和外显。

---

1 (清)焦循撰,沈文倬点校:《孟子正义》(上册),中华书局1987年版,第199页。
2 (清)焦循撰,沈文倬点校:《孟子正义》(下册),中华书局1987年版,第994页。

二、身体与世界的同质和互化

中国美学以气的本源性打破了灵肉、形神、身心的两分，从而使对身体的审美考察具有了内在深度。与此对应，身体与世界的关联则是对其审美表现的空间性拓展。在中国美学中，这种拓展以身体与世界的同质性为基础，然后通过身体与世界的互生互化，打破了各自的限定，使双方审美关系的建立成为可能。

按照中国哲学的元气自然论，不仅人体来自气的化生，而且天地万物都是一气运化的结果，即所谓"通天下一气"。这种观点，为人与自然审美关系的建立奠定了物性论的基础。叶朗在《中国美学史大纲》中，曾对气与万物的生成关系做过精彩的阐释。如其解《道德经》"道生一，一生二，二生三，三生万物"云："这是老子的宇宙发生论。'道'产生混沌的'气'（'一'），混沌的'气'分化为'阴'、'阳'二气（'二'）……万物就从阴阳二气交通和合中产生出来。所以万物的本体和生命就是'气'，也就是'道'。"[1]从这种解释看，

---

1 叶朗：《中国美学史大纲》，上海人民出版社1985年版，第27页。

如果世间万物都被视为气的化生，那么，这种气就构成了包括人体在内的万物的共同本质。以此为基础的审美活动，可能在现象层面依然表现为对万物形体差异的感性直观，但在本质上，则表现为对人与世界一体同气关系的体认。

《庄子·则阳》云："天地者，形之大者也；阴阳者，气之大者也；道者为之公。"[1] 也就是说，道是形、气的共同主宰，或者说道生气、气化形。据此不难看出，道作为一个比形、气更高的范畴，如果元气自然论可以导出天人同质之观念，那么道对天人的贯通则明显比气更具本源性。在道家哲学中，道与气的关系是体与用的关系，道对万物的贯通最直接地体现为万物皆有道性。这种观念加上道家的元气自然论，可以导出关于人体与世界关系的两点判断：首先，万物因共同作为道的载体或道性的体现，获得了无差别的平等。其次，气作为道之用，它充盈于包括人体在内的一切事物中。气运动的特性，意味着作为气之聚合形态的人体和万物，都包含生命动能。在此，建立在道论基础上的"万物皆有道性"和建立在气化论基础上的"万物皆有生命"，分别在哲学本体论和宇宙生成论两个层面，

---

[1] （清）王先谦撰：《庄子集解》，中华书局1987年版，第234页。

为理解身体与世界的一体关系提供了背景。

在中国哲学中,人与自然是一对不对称的概念。人作为认识主体,可以超拔于自然之外,但在存在论层面,他则依然是自然界的有机组成。同时,自然即自然而然,是一切存在物自由本性的最高体现。这样,人与自然的关系,就不但意味着他应放弃主体性,复归于自然,而且这种复归即走向自由。这里尤需注意的是,道家讲人向自然的回归,并不单指精神与自然对象的重新切近——当代美学中常常提到的"人的自然化",而是讲整个人身的奄然迁化。《庄子》中的《大宗师》《人间世》《至乐》诸篇,曾写到许多有人之情、无人之形的畸人,这些人向自然的变化是身体性的。庄子所谓的"畸于人而侔于天"[1],就是要求人不但情感上与自然亲近,而且要最直观地表现为人的体征酷肖自然,即身体的自然化。

在《齐物论》的末章,庄子将人向自然的身体性生成称为"物化"。如其所言:"昔者庄周梦为胡蝶,栩栩然胡蝶也,自喻适志与!不知周也。俄然觉,则蘧蘧然周也。不知周之梦为胡蝶与,胡蝶之梦为周与?周与胡蝶,则必有分矣。此之谓物

---

1 (清)王先谦撰:《庄子集解》,中华书局1987年版,第66页。

化。"[1]在庄子时代,梦并不被视为虚幻,而是人另一种真实的存在形式。所以庄周与蝴蝶的互化以及畸人的形变,都代表着人存在的另一种现实性。这里,庄子与蝴蝶的"必有分",是指人与物在形体或物种上存在分际,但是,这种分际却因为双方秉承道性和元气的一致被轻易跨越,美丑善恶的两极也在向其本质("气")的还原中被抹平。正如庄子云:"是其所美者为神奇,其所恶者为臭腐;臭腐复化为神奇,神奇复化为臭腐。故曰:通天下一气耳。"[2]

从以上分析可以看到,中国道家美学的"人的自然化",既不是对人本然之欲的肯定,也不是人对自然的移情,而是人的身体向自然世界的整体移入。这种移入之所以是可能的,是因为身体与世界一气贯通的同质性居于主导地位,形体差异只是现象表征。进而言之,人的身体向自然的生成之所以是一个美学问题,原因就在于这种变化使人跨越了物种的界限,在一个更广阔的时空区间内实现了自由。但同时必须注意的是,用人与物的互生、互化拓展人的自由空间,并不是中国美学身体

---

[1] (清)王先谦撰:《庄子集解》,中华书局1987年版,第26页。
[2] (清)王先谦撰:《庄子集解》,中华书局1987年版,第186页。

之思的最终目标。这是因为，人为其肉身所拘，自然物也各有其种属的限定，两者的自由都是相对的。在此背景下，一种绝对自由的身体理想的实现，其途径就依然不是对自然对象的依附，而是对自然对象的脱离；不是人、物之间横向的化生，而是通过对人身与自然的双重超越垂直上升。

在《逍遥游》中，庄子描绘了一位兼具异能、神迹而又美丽绝伦的神人。他"肌肤若冰雪，绰约若处子，不食五谷，吸风饮露。乘云气，御飞龙，而游乎四海之外"[1]。这种神人对于今人而言，也许仅具有幻想的意义，但对于中国古代道家，尤其是后起的道教而言，却是可以通过身体训练达成的目标。如《庄子·达生》云："子列子问关尹曰：'至人潜行不窒，蹈火不热，行乎万物之上而不栗。请问何以至于此？'关尹曰：'是纯气之守也，非知巧果敢之列。'"[2] 从这段对话看，至人之所以具有超人的异能，关键在于他守住了所谓的"纯气"。后世的道教，正是以道家这种关于气与体关系的认识为依据，发展出了一套食气、辟谷的成仙术。如王充云："凡能轻举入云

---

[1] （清）王先谦撰：《庄子集解》，中华书局1987年版，第5页。
[2] （清）王先谦撰：《庄子集解》，中华书局1987年版，第157页。

中者,饮食与人殊之故也……若士者食物,如不食气,则不能轻举矣。"[1]

气少身重,气盈身轻。按照道教的世俗解释,藐姑射山神人之所以能高飞远举,是源于他的辟谷("不食五谷")和食气("吸风饮露");之所以能"肌肤若冰雪,绰约若处子",则是因为其身体已向气的洁净和轻盈状态生成。这种身体理想和实践,为后世中国人的身体训练(如气功和轻功)提供了范本,并在文学艺术中造就了大量"无翼而飞"的形象。比如,中国的洛神与西方的天使不同,她不需要翅膀,衣带飘飘即可在云中飘飞;武侠小说中的人物也往往身轻如燕、上天入地。从这种情况看,建基于元气自然论的中国美学的身体,它的终极理想并不是"物化",而是"气化";不是返归自然之中,而是超拔于自然之外。

三、作为身体映像的自然

在天人二分的认知格局中,天与人是互证、互解的关系。

---

[1] 黄晖撰:《论衡校释(附刘盼遂集解)》(第二册),中华书局1990年版,第324页。

中国哲学在其起点处，由于认定人与万物同为道、气的载体，所以它不像西方哲学倾向于辨天人之异，而是通过两者的互证获得宇宙万物的一体性。这种求同的认知方式意味着，理解了人也就理解了天。从身体层面讲，则是将人体视为天地万物的缩影，即理解了人体也就理解了世界。如《吕氏春秋》云："天地万物，一人之身也。"[1] 董仲舒云："察身以知天也。"[2] 扬雄云："圣人有以拟天地而参诸身乎！"[3] 但是，在人体与世界之间，人体是有限的，世界是无限的。如果外部世界以人体的方式被理解，那么由此得出的世界就很难说是它自身，而只可能是被人体建构的世界。

以身体建构世界，其前提是将世界想象为人的身体。在一般意义上，我们可以按照"以己度物"的原则，将对象世界想象为像人一样有意志、有情感，从而克服对外部世界的陌生感。但在极端意义上，如果世界像人一样有情有性，那么它也极有可能像人一样有一个完整的身体。在中国哲学和美学中，

---

[1] 许维遹撰，梁运华整理：《吕氏春秋集释》（上册），中华书局2009年版，第283页。
[2] （清）苏舆撰，钟哲点校：《春秋繁露义证》，中华书局1992年版，第399页。
[3] 汪荣宝撰，陈仲夫点校：《法言义疏》（上册），中华书局1987年版，第248页。

这种建立在"察身以知天"基础上的关于世界的身体想象,集中表现在汉代,其理论形式即所谓的"天人相副"论。如《淮南子·精神训》云:

> 夫精神者,所受于天也,而形体者,所禀于地也……故头之圆也象天,足之方也象地。天有四时、五行、九解,三百六十六日。人亦有四支、五藏、九窍,三百六十六节。天有风雨寒暑,人亦有取与喜怒。故胆为云,肺为气,肝为风,肾为雨,脾为雷,以与天地相参也,而心为之主。是故耳目者日月也,血气者风雨也。[1]

按照《淮南子》的类比,人有精神形体,对象世界有天地,天地也就因此成为世界的精神和形体。至此,原本物理性的天地就完成了身体性的改造,所谓自然的人化,也在这种类比联想中更具体地表现为自然的身体化。

与《淮南子》相比,董仲舒将这种天人相副论推到了更具体的层面,并对以人身类天地的正当性进行了现象学式的说

---

[1] 何宁撰:《淮南子集释》(中册),中华书局1998年版,第505—508页。

明。如其所言：

> 唯人独能偶天地。人有三百六十节，偶天之数也；形体骨肉，偶地之厚也；上有耳目聪明，日月之象也；体有空窍理脉，川谷之象也；心有哀乐喜怒，神气之类也……是故人之身，首妢而员，象天容也；发，象星辰也；耳目戾戾，象日月也；鼻口呼吸，象风气也；胸中达知，象神明也；腹胞实虚，象百物也。百物者最近地，故要（腰）以下，地也。天地之象，以要（腰）为带。颈以上者，精神尊严，明天类之状也；颈而下者，丰厚卑辱，土壤之比也；足布而方，地形之象也……天地之符，阴阳之副，常设于身，身犹天也，数与之相参，故命与之相连也。[1]

比较言之，中国先秦哲学倾向于以道论和元气自然论为基础，解决人与世界的同性、同质关系，汉代哲学则将这种抽象的一致具体化为身体与世界的同体、同构关系。这种更趋感性

---

1 （清）苏舆撰，钟哲点校：《春秋繁露义证》，中华书局1992年版，第354—356页。

的方式，按照徐复观的看法——"汉人不长于抽象思维，这是思想上的一种堕退"[1]——明显是被否定的。但从美学层面讲，却有诸多方面值得肯定。首先，人体与天地——对应关系的建立，使先秦抽象模糊的天人关系变得前所未有的清晰。这种清晰使原本无限延展的自然，获得了建筑学式的结构性和形式感。其次，汉人从身体出发想象自然，由此建构的世界必然是身体性的有机生命世界。它的有机性和生命性，使其进一步具有了审美性。

但如上所言，在天人之间，人毕竟是一个小范畴。将世界想象为人体固然可以拉近两者的距离，但也就此为无限广延的世界穿上了一件理论的紧身衣，妨碍了对其进行更多元的审美想象。同时，一个无限多样的世界，如果我们过于细致地设定它的某一部位对应于人体的某个部件，所生成的就是一个冰雪巨怪式的庞然大物。它不但因与人的视觉经验矛盾而反真实，而且也会因其庞大而给人带来巨大的心理压迫。从这种情况看，一种真正具有审美意义的天人身体观，与其追求双方并置式的体同，倒不如追求留下模糊空间的类同；与其对自然进行

---

[1] 徐复观:《两汉思想史》（第二卷），华东师范大学出版社2001年版，第133页。

身体式的明确定位，倒不如让其作为人体的映像现身。

中国美学在董仲舒之后，也许意识到了将人体与天地进行形式性对应太过机械、紧绷，所以对两者关系的认识开始变得富有弹性。其重要的表现就是由以人体为范式建构世界，转为人身向自然的发散和敞开。如汉末《太平经》论大地的身体性云："穿地见泉，地之血也；见石，地之骨也；土，地之肉也。取血、破骨、穿肉，复投瓦石坚木于地中，为疮。"[1] 在此，大地虽然像人一样有血肉，甚至有疾患，但它并没有直接表现为直立的人形。或者说，它具有人体的一切属性，却不再是人体的直接呈示物。这种人体向自然世界的发散和敞开，更形象地表现在盘古神话中（三国时期）。神话中的盘古，以其身体的伟力创造了汉民族赖以生存的宇宙格局，然后他死了。其庞大的身躯分别化为大地上的山川河岳、草木金石，以及天上的日月星辰。如徐整记云：

> 首生盘古，垂死化身，气为风云，声为雷霆，左眼为日，右眼为月，四肢五体为四极五岳，血液为江河，筋脉

---

[1] 王明编：《太平经合校》（上册），中华书局2014年版，第126页。

为地理，肌肉为田土，发髭为星辰，皮毛为草木，齿骨为金石，精髓为珠玉，汗流为雨泽。身之诸虫，因风所感，化为黎氓。[1]

中国古典美学中人体向自然的化生，前文已有论及。盘古神话的意义在于，它给人呈示的不是人身最终变化为与人相异的自然之物，而是使自然界成为无限广延的人体图景。这样，我们既可以将自然作为人身的缩影，又可以作为人身的展开形态。以此为背景看天地万物，它的美就不是因与人对立而彰显其特性，而是因为可以从中发现人的暗影。它像人体一样是一个完整的生命形态，但又克服了人体千篇一律的单调性。

后世中国美学和艺术，正是在这种身体性认知中发现了自然有情、有性、有体的美的韵致。这是一种生命之美，也是身体生命之美的对象显现。如明袁中道《游太和记》云："太和山，一美丈夫也。从遇真至平台为趾……从平台至紫霄为腹……从紫霄至天门为臆……从天门至天柱为颅，云奔雾驶，

---

[1] 徐整：《五运历年纪》，载（清）马骕撰，王利器整理《绎史》（全十册），中华书局2002年版，第2页。

以穷山势为最远，此其躯干也。左降而得南崖……又降而得五龙……皆隶于山之左臂。右降而得三琼台……又降而过蜡烛涧……皆隶于山之右臂。合之，山之全体具焉。"[1] 显然，这种在审美者眼里作为"美丈夫"的太和山，并不是太和山本身，而是被人以身体为范式建构的太和山。同时，太和山也正是因为以人体的方式存在，进而成为美的存在。

四、作为身体映像的艺术

许慎《说文解字·序》云："书者，如也。"[2] 什么是"如"？按《说文解字》："如，从随也。"[3] 那么，中国文字所"从随"的是什么？根据汉民族"依类象形"的造字原则，这个问题并不难回答。许慎在《说文解字·序》中，曾大致复述了《易传·系辞》中的如下讲法，即："古者庖牺氏之王天下

---

[1] （明）袁中道著，钱伯城点校：《珂雪斋集》（全三册），上海古籍出版社1989年版，第678页。
[2] （汉）许慎撰，陶生魁点校：《说文解字（点校本）》（下册），中华书局2020年版，第492页。
[3] （清）朱骏声撰：《说文通训定声（附音序、笔画、四角号码检字）》（全二册），中华书局2016年版，第434b页。

也,仰则观象于天,俯则观法于地,近取诸身,远取诸物。"[1] 也就是说,中国文字有两个来源:一是象天法地,二是取于人身。这里需要重点注意的是"近取诸身"一句,因为它说明,中国文字、书法以及后世相关艺术的创制,在其起点处即关涉到人的身体问题。

艺术与人体的关系,大致可分为两个方面:一是将人体作为艺术的直接表现对象,二是艺术作品在构成方式上表现出身体性特征。摹写人物不是中国艺术的主导性传统,它的主要对象是由山水、花鸟、田园表征的自然。这和西方自古希腊即形成的人体艺术传统判然有别。但是,如果据此判定中国艺术中自然的重要性压倒了人身,则失之皮相。这是因为,艺术可以不以人体为直接表现对象,但并不妨碍它再现关于自然的身体映像,更不妨碍它以人体的特性来理解艺术的特性。

中国艺术以身体为映像摹写自然,这一特点主要表现在山水画中。由于其理路与上节论及的自然美问题类同,此不再赘述。这里主要探讨它如何从身体出发理解艺术的特性。从文学

---

[1] (汉)许慎撰,陶生魁点校:《说文解字(点校本)》(下册),中华书局2020年版,第492页。

艺术史看，这一倾向起于魏晋时期，和汉末兴起的人物品鉴之风有关。如《魏文帝典论·论文》云："文以气为主，气之清浊有体。"[1]这种"文气论"以及对气之清浊的划分，明显是将秦汉时期的人体观念移入了对文学作品的认识中。如前所言，中国哲学将人体视为气之充盈的形式，体与气的关系是关于人体的基本判断。曹丕以这种关系论文学，其实是将文学作品看成了自我完成的有机身体。同时，关于气之清浊与人体的关系，《淮南子·精神训》云："烦气为虫，精气为人。"[2]这里的气分精烦与曹丕的气分清浊具有对应性。也就是说，美文所禀的清气也就是人体所禀的精气，生命之气对人体的充盈与"文气"对文学作品的充盈相类同。另如董仲舒云："其官人上士，高清明而下重浊，若身之贵目而贱足也。"[3]这种对人体清、浊构成的二元划分，也是曹丕借汉人身体观论文气之清浊的重要佐证。

先秦两汉的身体理论，除了体气论对文学构成影响外，形神骨相也是重要问题。关于形神与人体的关系，前文已有论

---

[1] （清）高步瀛选注，陈新点校：《魏晋文举要》，中华书局1989年版，第15页。
[2] 何宁撰：《淮南子集释》（中册），中华书局1998年版，第504页。
[3] （清）苏舆撰，钟哲点校：《春秋繁露义证》，中华书局1992年版，第460页。

及。单就骨相或骨法而论,作为相术的重要内容,它在先秦时期已有重要影响。如《荀子·非相》云:"相人之形状颜色而知其吉凶妖祥,世俗称之。"[1]到了汉代,受察举制度和谶纬思想的影响,这种相术有了新发展。像董仲舒的《春秋繁露》、王充的《论衡·骨相篇》、王符的《潜夫论·相列》、牟子的《理惑论》,均有大量文字讲到这一问题。如王充云:"性命系于形体。"[2]"案骨节之法,察皮肤之理,以审人之性命,无不应者。"[3]对于什么是骨法,王充解释道:"人命禀于天,则有表候(见)于体。察表候以知命,犹察斗斛以知容矣。表候者,骨法之谓也。"[4]也就是说,骨法或骨相是人内在禄命和禀性的身体性外显。

只要拿秦汉时期的身体理论与后世中国艺术理论做一比较,就不难看出身体之于中国艺术的重要性。或者说,魏晋以

---

1 (清)王先谦撰,沈啸寰、王星贤点校:《荀子集解》(上册),中华书局1988年版,第72页。
2 黄晖撰:《论衡校释(附刘盼遂集解)》(第一册),中华书局1990年版,第122页。
3 黄晖撰:《论衡校释(附刘盼遂集解)》(第一册),中华书局1990年版,第116页。
4 黄晖撰:《论衡校释(附刘盼遂集解)》(第一册),中华书局1990年版,第108页。

后被广泛使用的体气、形神、骨相、骨法，以及由此衍生的风骨、气象、形质、筋肉、筋骨、骨气、骨力、血脉等艺术范畴，均离不开秦汉时期身体认知的背景。从书法看，受汉代身体观和魏晋品藻之风的影响，卫夫人首开以筋、骨、肉论书。这一主题，基本主宰了六朝至唐宋的书法理论。就绘画而言，谢赫六法中的"骨法用笔"，"骨法"一词是对汉代人体骨相学的直接借用；唐人张彦远以形似、骨气对举论画，则是对谢赫骨法论的进一步阐释和理论拓展。另外值得注意的是，诗文作为语言艺术，本来缺乏书画的直观性，但自刘勰以风骨论文始，气象、体面、血脉、韵度等，也逐渐成为中国诗学和文体学的重要范畴。

正像人体是由神、气、筋、骨、肉、血等构成的有机生命形式，当中国美学以这些范畴描述艺术时，艺术其实也就成了被身体建构的对象。就艺术与人体的共性而言，艺术有自己的形式要求。如果它能够像人体一样，实现各种形式要素以及内容与形式的有机统一，那么它必然是有情有象、有血有肉的活的艺术。在此，身体自我构成的完美度、作为生命存在的韵致和活跃，为艺术树立了典范。以这种典范建构的艺术，也就必然像人体一样成为完美的艺术。但同时必须看到，艺术模拟人体，但它本身毕竟不是人体，所以这种以人体为典范的艺术，是身体的映像形式。

从中国艺术作为身体映像的特性看，许慎在《说文解字》中提到的"书者，如也"这一命题，虽然后人多从伦理的角度进行阐释，即所谓"书如其人"，但它最终还是要落实到人体与书体的对应上。进而言之，以身体为背景，我们既可以认识艺术结体方式的统一性，也可以描述艺术风格变化的多样性。首先，与人体的长短、强弱、肥瘦之别一致，中国美学对艺术差异的认知往往以人体的差异为其表征。如梁武帝萧衍评前朝各家书体云："王僧虔书，犹如扬州王谢家子弟，纵复不端正，奕奕皆有一种风气；王子敬书，如河朔少年皆充悦，举体沓拖，而不可耐；羊欣书，似婢作夫人，不堪位置，而举止羞涩，终不似真……陶隐居书，如吴兴小儿，形状虽未成长，而骨体甚峭快。"[1] 那么，被什么样的身体建构的艺术才是一种标准的艺术？可以认为，对这一问题的回答可以有效反映个人的审美趣味和时代性的审美风尚。如萧衍云："纯骨无媚，纯肉

---

1 （清）严可均校辑：《全上古三代秦汉三国六朝文》（第四册），中华书局1958年版，第3229b页。

无力……浓纤有方，肥瘦相和，骨力相称……便为甲科。"[1]唐代书论，自李世民始推崇骨力，后世所谓的"唐人尚法"，即指骨法结构是唐人品鉴书法之美的标准。宋代书论，值得注意的是将人体的肥瘦引入对书艺的审美判断。如苏轼云："杜陵评书贵瘦硬，此论未公吾不凭。短长肥瘠各有态，玉环飞燕谁敢憎？"[2]后来的姜夔则据此为书法画了一幅感性化的标准形象。如其所言："用笔不欲太肥，肥则形浊；又不欲太瘦，瘦则形枯。"[3]据此可以看到，正如人体美的标准总是随时代而变化，作为人体之映像的艺术，其标准也在不断做着调整。刘熙载云："一代之书，无有不肖乎一代之人与文者。"[4]这种书与人的肖似，既是精神性的，也是身体性的。

以上所论，代表了中国美学以身体建构艺术的大致状况。身体问题对艺术的介入，起码可以在如下方面对传统的艺术史

---

[1] （清）严可均校辑：《全上古三代秦汉三国六朝文》（第三册），中华书局1958年版，第2980a页。
[2] （宋）苏轼：《孙莘老求墨妙亭诗》，载（清）倪涛编，钱伟强等点校《六艺之一录》，浙江人民美术出版社2015年版，第5720页。
[3] （宋）姜夔：《续书谱》，载（清）倪涛编，钱伟强等点校《六艺之一录》，浙江人民美术出版社2015年版，第5419页。
[4] （清）刘熙载著，袁津琥笺释：《艺概笺释》（上册），中华书局2019年版，第835页。

观做出校正：首先，人们一般认为，中国传统艺术理论偏重讲艺术的发生问题和价值问题，对艺术作品的形式结构则缺乏有效的话语体系进行分析。但从中国艺术与身体的关联看，关于身体的话语即是关于艺术的话语。美学研究中对身体的发现，使艺术这个长期让人"辄唤奈何"的对象在结构上变得清晰起来。其次，人们一般认为，艺术是按照美的规律建造的对象，它体现了人的本质力量，但什么是美的规律、什么是人的本质力量，对这些范畴定义的困难往往使对艺术的理解变得混乱。从上文看，中国美学史中的美的规律，在许多情况下可以具体为身体的规律，艺术对人的本质力量的显现，也可具体化为身体性的再现。最后，就艺术与现实的审美关系而论，人们一般认为中国艺术对内表现心灵，对外师法自然。但在美学史中，由于自然美往往建基于人对自然的身体想象，心灵的抽象性往往依托于肉体的坚实性，所以艺术中的自然和心灵问题，其实共同完成了向身体问题的聚集。

（原刊《文艺研究》2007年第4期）

西周礼仪美学的物体系

西周是中国礼乐文明的奠基期，也是诗、礼、乐开始对中国社会形成全面影响的时期。就目前学界对于周代礼乐的研究状况看，"乐"由于直接对应于诗、乐、舞等艺术形式，所以它作为美学研究对象几乎是毋庸置疑的。与此相比，"礼"的问题相对复杂，它牵扯到政治制度（礼制）、人的行为举止（礼容）、典礼仪式（礼仪）、祭祀器具（礼器）等诸多环节，直接作为美学对象就必然削弱其内涵和价值的多元性。但现代以来，美和艺术的定义日益泛化，将其视为艺术的可能性大大增加。如周公制礼[1]，其直接的目的是政治性的，但由此建构的西周"郁郁乎文"的社会风尚，却是审美化的。在人的行为举止方面，合乎礼仪的行为讲究升降揖让、酬唱盘桓，不但雅化而且包蕴意义，具有行为艺术的性质。同时，有周一代，"国之大事，在祀与戎"[2]，礼重点用于国家的重大祭祀活动。在这种场合，人的集体行为使礼成为对天地人神、尊卑等级观念的形象演绎，具有演剧性质。正是因此，今道友信将其称为"典礼美学"[3]。最后是礼器。与日常实用器具不同，典礼活动中的礼器更趋美观而且彰显精神意义。巫鸿称之为"礼仪美术"[4]，也极具说服力。

从以上分析看，在西周创制的礼乐制度中，与乐相比，虽

---

1 "周公制礼"之说始见于《左传·文公十八年》，即"先君周公制《周礼》"[参见《十三经注疏》整理委员会整理，李学勤主编《十三经注疏·春秋左传正义》（上、中、下），北京大学出版社1999年版，第576页]，后分别见于《逸周书》《史记·周本纪》和《尚书大传》。关于这一说法在考古学上的根据，可参见李学勤《青铜器入门之七》，《紫禁城》2009年第7期。
2 《十三经注疏》整理委员会整理，李学勤主编：《十三经注疏·春秋左传正义》（上、中、下），北京大学出版社1999年版，第755页。
3 ［日］今道友信：《东方的美学》，蒋寅、李心峰、刘海东、梁吉贵译，林焕平校，生活·读书·新知三联书店1991年版，第13页。
4 ［美］巫鸿著，郑岩、王睿编：《礼仪中的美术——巫鸿中国古代美术史文编》，郑岩等译，生活·读书·新知三联书店2005年版，第1页。

然礼向艺术"变现"的直接性相对弱化，但其作为美学命题仍然具有充分的合法性。礼具有行为艺术、典礼艺术和礼仪美术等性质，由此构成的美学，可统称为"礼仪美学"。需要指出的是，将西周礼仪作为美学研究对象依然存在独特的困难：首先，与殷商相比，西周正式进入了中国有史可稽的正史时代，《尚书》《逸周书》《诗经》以及"三礼"中的部分内容，均可作为信史使用。但在这一时期，愈是历史可信度高的传世文献，涉及礼的内容愈少，如《尚书·周书》。相反，愈是真伪莫辨的史料，则涉及礼的内容愈多，如"三礼"。在这种背景下，如何从中择拣出真正属于这一时代的礼仪美学史料，就成为对研究者的考验。值得庆幸的是，现存的西周礼器在某种程度上对这种文献缺憾起了补正作用，尤其是青铜铭文，兼具了文献与礼器的双重性质。按照孔子"器以藏礼"[1]的讲法，西周礼器不仅确证历史，而且彰显意义。按麦克卢汉"媒介即讯息"的观点，礼器既是传达礼仪观念的媒介，同时也构成观念本身。这样，对西周礼仪美学的研究，礼器就以其本身的坚固

---

1 《十三经注疏》整理委员会整理，李学勤主编：《十三经注疏·春秋左传正义》（上、中、下），北京大学出版社1999年版，第691页。

性成为那一时代礼仪之美的确证。同时，正如礼仪活动总需要形形色色的礼器作为意义的配置物和显现物，由这些礼器连缀而成的物化的表意体系，就自然成为西周礼仪美学理论体系最具源发性的外显形式。而对于西周礼仪美学物体系的探索，则因此体现出既可凭借器具还原历史，又可借助文献寻求意义跃升的双重价值。可以相信，这种类似王国维"二重证据法"的研究方式，将有助于廓清目前西周史研究的混乱，并将中国美学思想史研究的上限提前。[1]

---

1 西周是中国美学从审美意识史向美学思想史过渡的时期。殷商以前，考古器物大量存在，但缺乏可靠的典籍类文献为其思想定性，所以只能作为审美意识史的考察对象。至西周时期，典籍类文献开始出现，但其中涉及美学思想的史料仍然是散乱、破碎的，有些是否可作为信史也有疑问。与此相反，西周考古器物之于美学的价值，虽然仍需通过器物的造型、纹饰来猜测那一时代的审美意识，但青铜铭文的存在，却为器物规定了清晰的思想指向。这样，典籍类文献中表达美学思想的散乱和破碎，在某种程度上就得到了考古资料的补正。正是因此，西周美学的思想品格，一方面是游移、模糊的，另一方面是清晰、确定的。或者说，这是一个美学在清晰与模糊之间往复摆荡的时代，是一个审美意识史与美学思想史既相对接又相重叠的时代。传统的中国美学思想史研究，一般将春秋作为始点，原因在于对这一意识与思想的交接地带缺乏理论辨析。

一、诗、礼、乐的一般关系

西周政体建基于贵族阶层的血缘情感,展开为诸种对立要素的和谐,其现实的表现则为诗、礼、乐。按照孔子的"兴观群怨"说,诗是西周统治者提振民心、考察民情、团结亲族、让下层民众抒散心中怨愤的重要手段,既是艺术的,也是政治的。与此一致,周公在摄政的第六年开始规划国家的长治久安之策,重要手段就是制礼作乐。如《尚书大传》云:"周公摄政,一年救乱,三年克殷,三年践奄,四年建侯卫,五年营成周,六年制礼作乐。"[1]明显是把礼乐当成了实现国家政治和谐稳定的手段和标志。诗、礼、乐,就其本性而言,具有鲜明的艺术性。诗是建基于心灵、外化为语言表达的艺术;礼是建基于身体、追求行为雅化的艺术;乐是建基于社会秩序、追求精神超越的艺术。但是,周公制礼作乐显然不是为了艺术,而是要将艺术应用于社会政治秩序的创制。因此,中国社会自西周始,"礼乐"往往包括两个层面的含义:一是在现实层面,它

---

[1] (秦汉)伏胜撰,郑玄注,陈寿祺辑校:《尚书大传》(附序录辨讹),中华书局1985年版,第101页。

被视为赋予社会文明秩序的手段；二是在理想层面，礼乐因其艺术特性而代表着社会的文明和雅化，成为美好社会的象征。总之，诗、礼、乐与政治的紧密关联，铸成了西周时期关于艺术的基本观念，即以艺术作为政治现实和政治理想的象征或隐喻。这种政治化的艺术观也成为后世官方意识形态介入审美和艺术批评的主要原则。

诗关注个体情感，礼关涉人的社会行为，乐表达超越性的精神理想。这中间，由于社会的正常运转主要涉及人的行为规范，所以礼往往被视为建构社会秩序的根本大法，即"礼，经国家，定社稷，序民人，利后嗣者也"[1]。从历史看，虽然周公制礼是中国历史上的标志性事件，但礼仪显然并不始于周公。如孔子云："殷因于夏礼，所损益，可知也；周因于殷礼，所损益，可知也。"[2]这说明，在周公制礼之前，夏代和商代业已存在国家性的礼仪体系。周公所做的工作，应该是通过增减损益，使这种传统遗产更趋于系统和完备，并赋予了它更重大的社会意义。同时，如上所言，礼是与人的身体性行为直接相关

---

[1] 《十三经注疏》整理委员会整理，李学勤主编：《十三经注疏·春秋左传正义》（上），北京大学出版社1999年版，第126页。
[2] 《为政篇第二》，载杨伯峻译注《论语译注》，中华书局1980年版，第21—22页。

的，但这种行为并不是日常行为，而是彰显文明伦理的雅化的行为。作为既承载意义又具有审美特性的行为，或者说有意味的形式，它已经具备了成为艺术的基本特性。进而言之，礼虽然建基于人的身体，但它的施行同样需要众多的物化配置，即礼器。在西周时期，以人体为中心，珠玉的佩饰、鼎爵的放置、钟鼓的雅奏，甚至建筑的格局及城市的设计，共同使礼成为既立于个体行为又洋溢为空间氛围的公共艺术。就礼所具有的公共政治空间里的演示特性而言，今道友信称礼为"典礼美学"是有道理的。从整体来看，其展开形式则可视为从关乎个体雅化的身体性艺术向公共性的典礼艺术的延展。

二、身体、服装及佩饰

《说文》："礼，履也，所以事神致福也。""履，足所依也。"[1] 战国以前，"履"字一般只作动词用，这说明，礼建基于人的身体，是人用身体性行动将"事神致福"等人生重大期许

---

1 （汉）许慎撰，（清）段玉裁注：《说文解字注》，上海古籍出版社1981年版，第2、402页。

表现出来。从《仪礼》看，周礼有成年礼、婚礼、士人相见礼、诸侯聘问之礼、朝觐天子之礼、乡饮之礼、乡射之礼、贵族宴饮之礼、丧葬之礼、祭祖之礼等，几乎囊括了社会生活的方方面面。这意味着，早期中国人的行为，除日常起居之外，还有超越性、表意性的侧面。它用程式化的行为将复杂的社会人伦关系、高低贵贱秩序演绎出来，赋予典礼活动庄严肃穆或温馨典雅的气氛，引人进入一个超越性的意义空间。同时，人的礼仪行为对日常行为的超越，也使身体之美在纯粹的意义演示中得到了淋漓尽致的发挥。我们说礼仪是一种身体性艺术，正在于它用感性的身体彰显精神，用雅化的行为揭示了社会珍视的价值。

礼是一种身体艺术或行为艺术，但很显然，礼的艺术性又不仅仅止于身体本身。身体作为表意的符号，它总需要靠诸多物质性配置使意义得到更灿烂、更圆满的显现。首先，从身体出发，这种物化配置中最具本己性的是服装。按《尚书·益稷》《尚书·顾命》《周礼·司服》等文献，中国社会在西周时期已经形成了完备的章服制度，自天子至公、侯、伯、子、男的服装都有固定的制式和纹样。如《尚书·益稷》载，舜帝曾命令禹制作章服："予欲观古人之象，日、月、星辰、山、龙、华虫、作会、宗彝、藻、火、粉、米、黼、黻、𫄨、绣。以五采彰施于五色，作服，汝明。"唐孔颖达正义云："天子服日月而下十二章，诸侯自龙衮而下至黼黻八章……士服藻火二章，大夫加粉米四章。……上得兼下……下不得僭上……以五种之彩明施于五色，作尊卑之服，汝当分明制之。"[1] 这种服装等级制是否出自舜禹时代已不可考，但它在西周时期存在而且更细密化却是可确信的。如《左传·桓公二年》记周代服制云："衮、冕、黻、珽、带、裳、幅、舄、衡、纮、𫄧、綖，昭其度也。藻、率、鞞、鞛、鞶、厉、游、缨，昭其数也。火、龙、黼、黻，昭其文也。"[2] 另外，《尚书·顾命》曾谈到周成王的冠冕、朝服和先王的礼服。成王驾崩后，继位者周康王及臣子的丧服也各有规制，即"王麻冕黼裳，由宾阶阼，卿士、邦君麻冕蚁裳，入即位。太保、太史、太宗皆麻冕彤裳"[3]，各人行走的路线、所持的礼器、站立的位置，均有常则。从上述章

---

[1] 《十三经注疏》整理委员会整理，李学勤主编：《十三经注疏·尚书正义》，北京大学出版社1999年版，第116、120页。

[2] 《十三经注疏》整理委员会整理，李学勤主编：《十三经注疏·春秋左传正义》（上），北京大学出版社1999年版，第140—147页。

[3] 《十三经注疏》整理委员会整理，李学勤主编：《十三经注疏·尚书正义》，北京大学出版社1999年版，第510页。

服的纹饰图案和质料色彩看，它一方面把外部世界由天象、自然构建的秩序挪移到了人事制度，另一方面也以自然的华彩映衬人伦秩序之美。服装作为身份地位的象征，它以直观的形式彰显了人的差异性，但也让各色人等在一个有序的权力框架内各就各位，使社会秩序庄严肃穆，使人的行为符合规范。[1]

其次是佩饰。就身体与外在装饰物的关系看，身体是本体，服装的最基本功能是实用，即保暖，但也逐渐向意义生成，即通过遮蔽身体来解决人意识领域的羞感。如《周易·系辞下》云："黄帝、尧、舜垂衣裳而天下治。"[2] 这正是强调穿衣在人类从野蛮向文明过渡过程中的重大意义。以此为背景，在服装上绘出纹样图案，一是满足人的审美需要，二是作为承载社会政治伦理意义的符号。这样，从保暖到解决羞感，再到审美和意义的附衍，服装愈往外延伸它的附加物，其艺术性便愈上升。在西周时期，延续这种上升趋势的新一轮附加物是佩

---

[1] 20世纪50年代以来的周原考古，为西周命服制度提供了更确凿的史料印证。在当地多处遗址中发现有丝织品、麻织品，青铜器铭文中也多处提及周王赏赐臣子命服。如《颂鼎》记载周王对颂的赏赐："玄衣黼纯，赤市朱黄。"（参见陈全方《周原与周文化》，上海人民出版社1988年版，第82—85页）

[2]《十三经注疏》整理委员会整理，李学勤主编：《十三经注疏·周易正义》，北京大学出版社1999年版，第300页。

饰。中国上古时期的服装佩饰虽然可追溯到更早，但唯有到了西周形成规范的礼仪制度，它才可能被纳入一个稳定的表意体系。也就是说，审美和象征的特性共同构成了它相对稳定的艺术特性。从西周考古发现看，作为服装佩饰的器物主要有贝类器（如蚌饰）、石料器（如绿松石）、骨器（如骨笄）、玉器等，最主要的是玉器。周代玉器大抵可分为礼玉、佩玉和葬玉三种，其中的佩玉是服饰用玉的主干。按照孙庆伟对周代服饰用玉的分类，自上而下可分为发饰、耳饰、项饰、组玉佩、玉带钩五类。[1]

西周是上古时期至三代服饰用玉的高峰时期。这一高峰的出现，与起于新石器时代的玉器加工技术逐渐成熟有关，更与西周礼制的建立及"尚文"的时代特征有关。就玉饰与人的关联而言，《礼记·玉藻》所谓"君子无故玉不去身"[2]，是对其重要性的恰切说明。琳琅满目的玉饰，不仅表现了人体的感性

---

1 参见孙庆伟《周代用玉制度研究》，上海古籍出版社 2008 年版，第 139—191 页。值得注意的是，孙著笼统论及周代用玉，极易导致西周与春秋甚至战国时期用玉状况的前后混淆。相关修正可参见尹盛平《周原文化与西周文明》，江苏教育出版社 2005 年版，第 537—565 页。
2 《十三经注疏》整理委员会整理，李学勤主编：《十三经注疏·礼记正义》（上、中、下），北京大学出版社 1999 年版，第 914 页。

之美，而且渗透着宗教、社会、政治等诸多象征性内容。感性形式与理性内容的融会共同铸成了人体的艺术性。尤需指出的是，玉对人身体之美的展示不是静态的，而是动态的。悬于人体不同部位的玉器组件，对人步履的疾徐缓急形成调节。如《诗经·卫风·竹竿》云："巧笑之瑳，佩玉之傩。"《毛诗》云："傩，行有节度。"[1]《国语·周语》中有"改玉改行"之说，韦昭注云："玉，佩玉，所以节行步也。君臣尊卑，迟速有节，言服其服则行其礼。"[2]这些都是在说明玉佩导致了人的行动的合礼和雅化。进而言之，人在周旋盘桓之间所表现的有规律的运动，必然带来各种佩饰之间的相互碰撞，于是发出富有乐感的声音。如《礼记·玉藻》云："古之君子必佩玉，右徵、角，左宫、月，趋以《采齐》，行以《肆夏》，周还中规，折还中矩，进则揖之，退则扬之，然后玉锵鸣也。"[3]从这段话看，周代的佩玉既是可视的，也是可听的；既是装饰品，也兼具乐器的性质。合乎礼仪的身体性运动自动生成音乐。这种韵律和乐

---

[1]《十三经注疏》整理委员会整理，李学勤主编：《十三经注疏·毛诗正义》（上），北京大学出版社1999年版，第236页。
[2] 徐元诰撰，王树民、沈长云点校：《国语集解》，中华书局2002年版，第52页。
[3]《十三经注疏》整理委员会整理，李学勤主编：《十三经注疏·礼记正义》（上、中、下），北京大学出版社1999年版，第913—914页。

感，使佩饰之间的机械组合因音乐的灌注而显出整体性、有机性和圆通性，同时也将原本被视觉局限的人物风仪推向"超以象外"之境。

三、上手之器

器具是人日常生活中的上手之物，它以其可操作性延伸了人实践的广度和效能，是对人身体活动区间的外向拓展。在中国古代，人的身体性活动不仅是为了物质生产，而且是对社会政治、伦理礼仪规范的展示，这样，器具也就成为礼器，成为社会价值观念的物态形式。同时，人的物质性的日常生活与精神性的道德生活，既靠对这些身边上手之物的操作而实现，又同样受其左右和规范，这样，西周时期的器具制造业较之商代有了很大发展，主要有陶器、骨器、漆器、青铜器、玉器等。青铜器代表当时最先进的技术工艺，其材质之坚固、形式之奢华都超出了其他器具，所以围绕它形成的意义凝聚也最具代表性。

了解西周青铜器反映的艺术观念，有五点不可不察。一是周部族没有自己独立的青铜制器历史，西周青铜器的出现来自对殷商的继承。如白川静所言:"青铜器文化之传承,原本只限于东方系中殷之文化圈,而周则是前无可承的。……整个周室青铜器可推定为殷周革命以前之遗品的,一器也没有。"[1]二是殷商青铜器以酒器为多,到西周政权稳固之后则让位于食器。[2]三是西周昭王、穆王以后,殷商"那种复杂雄伟的器制与充满古代神秘感的纹样便逐渐隐没,而有显著的定型化与形式化的倾向"[3]。四是青铜铭文自殷商晚期开始出现,至西周蔚为大观。青铜器自此由供人观览的器物变成了供人识读的器物,表意的确定性大大加强。五是在饮器和食器之外,以青铜铸造的乐器开始出现,尤其是钟成为当时乐器的代表。如杨宽所说:"铜钟是西周时创制的,这在音乐发展史上是个杰出的

---

[1] [日]白川静:《金文的世界——殷周社会史》,温天河、蔡哲茂译,台湾联经出版事业公司1989年版,第9页。
[2] 如李伯谦说:"和商代相比,西周时期青铜器的组合发生了较大变化,商代以酒器为主,表示身份地位的高低是看随葬青铜酒器数量和套数多少,西周以饮食器为主,随葬鼎、簋的多少则是地位高低的标志。"(李伯谦:《中国青铜文化结构体系研究》,科学出版社1998年版,第20页)杨宽也说:"西周时代青铜礼器的组合与殷代不同,该和周人的生活习惯与殷人不同相关……西周初期的主要青铜礼器是鼎、簋等烹饪器和食器。虽然也还配合有爵、觚、觯等酒器,是用于祭祀的。"(杨宽:《西周史》,上海人民出版社2003年版,第468页)
[3] [日]白川静:《金文的世界——殷周社会史》,温天河、蔡哲茂译,台湾联经出版事业公司1989年版,第10页。

创造。"[1]

按照张光直的观点，"夏商周三代的关系，不仅是前仆后继的朝代继承关系，而且一直是同时的列国之间的关系"[2]。这种说法，无论是在最近数十年的先周考古还是传世文献中都得到了证明。但是，如果将青铜器作为文明进化和历史进展的标识物，仍然可以在殷周之间找到明显的承续关系。或者说，西周对殷商青铜器制作的继承和发展，是代际之间"前赴后继"关系的物化表征，也为艺术观念出现重大调整提供了器具性验证。像殷商酒器让位于西周时期的食器，一方面，说明西周早期的禁酒令（《尚书·酒诰》）发生了效力；另一方面，就酒与食的特性看，前者往往更易将人引入非理性状态，酒的迷狂、狂喝滥饮与殷商的自然神崇拜具有内在的关联。相反，饮食过程则是宁静、温情甚至肃穆的，它诉诸味觉的特征不但引人趋于理性，而且更宜于体验一种细腻、温馨、绵长的情感。这与周人借"家族式的共餐礼仪"[3]，实现对祖先（祖宗神）追怀的

1　杨宽：《西周史》，上海人民出版社 2003 年版，第 470—471 页。
2　张光直：《中国青铜时代》，生活·读书·新知三联书店 1983 年版，第 31 页。
3　[日] 白川静：《金文的世界——殷周社会史》，温天河、蔡哲茂译，台湾联经出版事业公司 1989 年版，第 10 页。

情感需要相一致。就青铜器纹饰和造型的变化看，殷商时期各种怪力乱神的纹饰的隐没，并不意味着青铜器艺术性的削弱，相反，却预示着艺术的理智清明时代的到来。也就是说，西周青铜器纹饰的简易化、图案化和定型化，意味着人以理性限制了神性力量的无限漫溢，使器物更倾向于"按照美的规律造型"，而非按照自然的蛮力造型。[1]与此一致，西周青铜器上出现的大量铭文，内容集中于对制器者受天子册命、赘见等活动的记载。这些记载使西周青铜器克服了殷商时期因追求象征而导致的表意的多元性和不确定性，有了一个清晰的表意指向。[2]

---

[1] 正如美国汉学家吉德炜所言："乐观的礼仪程式取代了信仰……看来，人——而不是帝或祖先——掌握自身命运的能力正在增强。"（[美] 巫鸿：《中国古代艺术与建筑中的"纪念碑性"》，李清泉、郑岩等译，上海人民出版社2009年版，第75页）

[2] 正如巫鸿所言："从商末开始，铭文的强调对象逐步从祖先神明转向活着的信众。尽管大多数西周青铜器仍是奉献给死去的祖先的，但是奉献本身成为其世子孙们生活中重要事件的结果。正是这类事件——主要是宫廷的晋见和授职——构成制作青铜礼器的原因，并被详尽地记录在纪念性的铭文中。因此，青铜礼器的意义和功能——包括其纪念碑性——便发生了一个重要的转化，这些器物的主要意义不再是在礼仪中与神明交通的器具，而更多地成为展示生者现世荣耀和成就的物证。其结果是，变化多端的象征性形象失去了它的活力和优势；冗长的文献记录被煞费苦心地铸在一件没有多少装饰的盘内或浅腹鼎中。作为纪念性的作品，这样的青铜器要求的是'阅读'而非'观看'。"（[美] 巫鸿：《中国古代艺术与建筑中的"纪念碑性"》，李清泉、郑岩等译，上海人民出版社2009年版，第77页）

同时，神性主题让位于人事记载，也意味着西周青铜器逐渐以人文主题取代了前朝的自然主题，人性的光辉在器物上得到了映现。

最后需要注意的是，西周家族式的"共餐礼仪"，总是钟与鼎相配，即以钟所指代的音乐实现人从味觉感受向臻于精神的听觉愉悦上升。在此，宴饮中鼎与钟的关系，也就表现为从味觉、视觉向听觉的不断去物化的飘移。同时，音乐作为一种更具传达性的艺术形式，充盈了由种种器皿构成的礼仪空间，使静态而机械的器物陈列因音乐的贯穿而富有内在的灵动感和有机性。

四、建筑与城市

比较言之，如果音乐因充塞了礼仪空间而使意义的表达体现出有机整体性，那么建筑则对内承载、包蕴了这一空间，对外宣示并放大了王朝礼容威仪的神圣和庄严。西周是中国上古建筑的集大成时期，也是开启后世建筑范式和格局的时期。按照伊东忠太的说法："中国建筑自发轫以来，经数万年入于周代始告大成。"[1] 其建筑的礼仪属性，从《周礼》以及散见于

---

1 [日]伊东忠太原著，陈清泉译补：《中国建筑史》，上海书店1984年版，第76页。

《诗经》《左传》的文献看，最重要的是宗庙："凡邑，有宗庙先君之主曰都，无曰邑。"[1] "君子将营宫室，宗庙为先，厩库为次，居室为后。"[2] 也就是说，宗庙因承担着祭祀祖灵、演习礼仪的功能而在西周建筑中占据核心位置。在西周，国家最重要的宗庙叫"辟雍"，如《诗经·文王有声》："镐京辟雍，自西自东，自南自北，无思不服。皇王烝哉！"[3] 结合上下文对于文王、武王的赞词来看，这是一篇祭祖文，而"镐京辟雍"显然是祭祀先王之宗庙。辟雍的建筑形制则是服务于这种精神性的礼仪目的，如班固《白虎通疏证·辟雍》云："辟者，璧也，象璧圆，以法天也。雍者，雍之以水，象教化流行也。"[4] 也就是说，其圆形的建制以及水的环绕，是对人天沟通、普化民众等礼仪目的的形式表达。

当然，在周代这个被礼仪观念统摄的社会中，建筑对精神

---

[1] 《十三经注疏》整理委员会整理，李学勤主编：《十三经注疏·春秋左传正义》（上），北京大学出版社1999年版，第291页。
[2] 《十三经注疏》整理委员会整理，李学勤主编：《十三经注疏·礼记正义》（上），北京大学出版社1999年版，第114页。
[3] 《十三经注疏》整理委员会整理，李学勤主编：《十三经注疏·毛诗正义》（下），北京大学出版社1999年版，第1053页。
[4] （清）陈立撰，吴则虞点校：《白虎通疏证》（上），中华书局1994年版，第259页。

目标的暗示绝不仅限于辟雍,而是存在于人居环境的方方面面。如台观,周文王时期开始营建的灵台以及附设的灵沼和灵囿,既意在祭天,又有暗示人与自然鸟兽和谐、天子与民同乐的象征意义。另如1976年在陕西岐山凤雏村发现的西周早期的四合院遗址,"由二进院落组成。中轴线上依次为影壁、大门、前堂、后室。前堂与后堂之间用廊子联结。门、堂、室的二侧为通长的厢房,将庭院围成封闭空间。……这组建筑规模并不大(南北通深45.2米,东西通宽32.5米),却是我国已知最早、最严整的四合院实例"[1],它开了"后世中国建筑最正统的布局"[2]。这座建筑,因为其西厢出土有大量筮卜甲骨而被今人断为周人的宗庙,但它的空间格局与结构组成却依然是世俗礼制和人伦关系的反映。比如,按照四合院"北屋为尊,两厢次之;倒座为宾,杂屋为附"的一般原则,它其实是以建筑的形式对各色人等进行了尊卑、主次、内外的划分。在此,建筑不但以其内部空间承载人的礼仪活动,而且以其布局规划着礼仪程序,进而以其外观彰显着礼仪形象。

---

[1] 潘谷西主编:《中国建筑史》(第四版),中国建筑工业出版社2001年版,第22页。
[2] 许倬云:《西周史》,生活·读书·新知三联书店1994年版,第57页。

最后是城市。中国原始城市起于龙山文化时期。至夏商，王朝政治中心的形成促进了城市的进一步发展。但比较言之，中国早期城市多是人口自然聚集的结果，由于缺乏统一的规划和设计，整体秩序显得混乱。像商朝的晚期都城殷，根据今天的考古发现，它的"遗址范围约30平方公里，中部紧靠洹水曲折处为宫殿，西面、南面有制骨、冶铜作坊区，北面、东面有墓葬区。居民则散布在西南、东南及洹水以东的地段，但墓葬区也散布着同时期的居民点和作坊遗址，宫殿区也有作坊和墓葬发现，似乎商的殷都对此并无严格的区划"[1]。这种作坊、墓葬、宫殿、居民区混杂并处的状况，一方面说明殷都的非设计性和人口的自然聚集特征，另一方面则说明了城市建制的非理性。也就是说，只有人性的混乱和观念的非秩序，才会相应导致人居空间的整体混乱和失序。与此相比，周王朝在追求秩序之美方面明显超越了前朝。从《尚书·召诰》和《尚书·洛诰》《逸周书·度邑解》可以看到，西周成王时期形成的洛阳城，迥异于通过人口的自然聚集形成的早期城市，而是以观念

---

[1] 潘谷西主编:《中国建筑史》(第四版)，中国建筑工业出版社2001年版，第20页。

为先导进行的系统营构。首先，它是周武王经营东土战略构想的物化配置，目的在于加强对殷遗民的控制。其次，洛邑的选址经历了繁复而审慎的漫长考察。先有武王观察地望、确立城址方位[1]，继有召公"卜宅""相宅"，再有周公实地勘验，最后有周成王以盛大的祭礼奠基。虽然《尚书》中没有明讲这一新都城的设计方案，但是这种设计的先导性，必然会将周王朝奉行的政治和伦理原则植入其中，使其成为观念的物态形式。

按《周礼·冬官·考工记下》："匠人营国。方九里，旁三门。国中九经九纬，经涂九轨。左祖右社，面朝后市，市朝一夫。"[2]这种以王宫为中心，对于集市与官府、祖庙与社坛、街道与城门的安排，以及城市规模的限定，明显是将周王朝抽象的社会政治及伦理理想，对应成了可视、可居的空间形态。这中间，王宫居于城市之中，说明了王权对城市的主导性；左祖右社，说明祖宗神与自然神是王朝政治所依托的两大精神支

---

1 关于洛邑的选址，《逸周书·度邑解》录武王语云："我图夷兹殷，其惟依天。其有宪令，求兹无远。虑天有求繹，相我不难。自洛汭延于伊汭，居阳无固，其有夏之居。我南望过于三涂，我北望过于有岳，丕愿瞻过于河，宛瞻于伊、洛，无远天室。其曰兹曰度邑。"（黄怀信：《逸周书校补注译》（修订本），三秦出版社2006年版，第219页）
2 《十三经注疏》整理委员会整理，李学勤主编：《十三经注疏·周礼注疏》（下），北京大学出版社1999年版，第1149—1150页。

柱；王宫的南向是治事的官府，说明行政事务在现实政治中的优先性；王宫的北向是集市，说明吃饭问题虽占据次要位置，但是人生存的基础。这种主次分明、井井有条的布局，使城市中心即权力中心，相关建筑配置离这一中心的远近，则成为判断尊卑、主次的标杆。与此一致，在一个由各种城市组成的国家权力网络中，地方领主的权力层级则决定着其所居城市的规模。如《左传·隐公元年》："先王之制，大都不过参国之一，中五之一，小九之一。"[1]这样，在同一座城市之内，它的结构布局就成为权力的感性标识，建筑物则以物态形式映显着观念领域的主次尊卑。在城市与城市之间，城市的规模、形制即其权力层级的象征。在这种背景下，王城或任何一座小城，都成了相关礼制的配置物；所谓"国家"，从王城到边境，则成为权力正向不断稀释、逆向不断汇聚的递变模式。这种被礼制规划的国家形态也许是机械呆板的，但因彰显了西周王朝的伦理理想而成为有意味的形式，也因秩序井然而显现出一种文明和雅化之美。[2] 我们说城市是一种

---

[1] 《十三经注疏》整理委员会整理，李学勤主编：《十三经注疏·春秋左传正义》（上），北京大学出版社1999年版，第52页。
[2] 阿诺德·伯利恩特认为中国的城市往往是按照预先制定好的规划建设的（参见[美]阿诺德·伯利恩特《培植一种城市美学》，新蔚译，《第欧根尼》1987年第2期），这一判断对西周以后的中国城市才适用。

艺术作品，正是因为它是人基于理性目的的自觉创造，它以形式包蕴了意义，并表现出井井有条的秩序感。

五、意义物与人工物

以上，我们遵循逐步放大的逻辑，厘清了西周礼仪从身体、服装、佩饰到器具、建筑、城市、国家的运作顺序。所谓"周公制礼"，其根本目的是保持新兴政权的长治久安。而要达成这一目标，王公贵族及国民对政权的情感归属和忠诚是最重要的。正是因此，赋诗言志或者直接的情感表达，永远比钟鼓玉帛的物象罗列具有奠基性。但是，就一种稳态化的社会秩序的建构而言，它不但要求人的情感归属，而且要求人的行为合乎规范，以避免对既成的理性社会架构形成破坏性冲撞。在这种背景下，按照礼仪的尺度对人的行为进行训练就显得尤为重要。进而言之，人体作为社会政治礼仪的最基本传达单元，它的表意功能的实现，离不开服装、佩饰的强化和渲染。扩而言之，构成意义空间的器具、建筑、城市，均以其物态形式，使现实的政治、人伦秩序得到彰显。从这个角度讲，礼的本质虽在于情感和精神，属于观念形态，但又是以人行动的肉身为中心，借助种种器物配置规划出的意义空间。于此,观念形态的道德秩序被以物化的形式表现为空间秩序,作为物又同时作为表意符号的礼器,就成了抽象化的社会政治伦理观念向具象世界挪移的象征体。

中国社会对物的伦理意义的引申,至少在新石器时期就开始了,但直到西周时期才形成被自觉的政治伦理意识构建的完备系统,这就是由周公制礼所开出的物的表意体系。从哲学上讲,物有其自身的存在本性,但它被人认知的过程,必然是被人的感官、价值观念重构的过程。因此,人从来不可能看到物一丝不挂的自存状态,能够被人认识的只能是物的属人的侧面,即黏附了种种情感、思想观念的价值之物。中国社会早期围绕礼仪所建立的物体系,正是这种自然向人生成过程中形成的关于物的价值体系。基于此,西周之于中国早期礼仪的贡献起码有二:一是明确认识到了这种价值象征体系的政治价值,并自觉应用于现实政治实践。如《周礼》每篇的开篇均讲:"惟王建国,辨方正位,体国经野,设官分职,以为民极。"[1] 这段话显然是周朝建国的总原则。所谓"辨方正位,体国经野",

---

[1] 《十三经注疏》整理委员会整理,李学勤主编:《十三经注疏·周礼注疏》(上),北京大学出版社1999年版,第1—5页。

指首先要对国家的空间格局实现宏观把握,然后确定各种建筑的位置,并分出主次进行建设经营。所谓"设官分职,以为民极",即从空间规划转入人事治理,从行政体系到百姓大众,都在礼制框架内各就各位。这种从空间规划到物化配置再到人民各就各位的政权体系的构建,明显是理念先行的,是自觉的政治理念在现实中寻找对应物的结果,而非自然性的生成。二是诸种政治理念都在现实中找到了自己固定的对应物。在一个稳态的等级序列中,不同阶层的人从服装图案、佩玉款式、器具尺寸到所居房屋、城池的规模,均有定制。比较言之,如果说殷商时期意义与其象征物之间的关系依然是不确定的,那么西周时期礼仪的完备性,显然就在于礼意与礼器之间确立了不可动摇的一一对应关系。所谓"物体系",正是指当时自然物被人的观念全方位控制,成为对社会政治价值的图解模式。

值得注意的是,构成西周礼制之物体系的,并不是自然物,而更主要的是技术制作的人工物。从自然的维度看,其对意义和价值的承载是存在的。比如在《诗经》中,自然界的草木鸟兽往往通过比或兴的方式被赋予意义。像《关雎》中的"关关雎鸠，在河之洲"[1]，在情感层面指向男女之间美好的爱情，在政治伦理层面，则可能指向"后妃之德"等更深邃的内容。这种引申，从起源看，应该和殷商卜辞从自然身上发现对人事的隐秘暗示有历史承续关系。但是，就西周构成礼制之物体系的材料而言，其中起主导作用的并不是自然物，而是技术性的人工物。像服饰、玉器、青铜器、建筑、城市，都是人工技术产品，而不是自然创化的原生态物品。这意味着，在中国社会早期，物的体系向意义体系的递进，存在着两个层面：一是自然通过比兴向社会伦理意义演进，其手段是自然与人事之间的类比联想；二是作为礼器的意义物对人工物的直接挪用，其手段是对其实用功能的弱化及对其表意功能的强化。西周时期的器物有祭器和养器之分，其中的祭器因承载精神性纪念意义而更被重视，即"凡家造，祭器为先，牺赋为次，养器为后"[2]。像在西周墓葬中发现的玉戈、玉钺等物，并不可能作为战争中的实用兵器，而只可能具有仪式性的象征意义。但同

---

1 《十三经注疏》整理委员会整理，李学勤主编：《十三经注疏·毛诗正义》（上），北京大学出版社1999年版，第22页。
2 《十三经注疏》整理委员会整理，李学勤主编：《十三经注疏·礼记正义》（上），北京大学出版社1999年版，第114页。

时，礼器和实用器，在大部分情况下，又显然是混合的。像作为礼器的鼎簋和钟铙，既可以供奉祖灵又可以作为现实的食器或乐器。所以要在祭器和养器之间划出截然的分界，有一定困难。[1]但不管如何，在人工器物中，由于它是人有目的的创造，其对人的精神目的的适用性显然又大于自然物，它的置放、排列也更符合人伦规则的要求。从这个角度讲，人工物对意义的显现又往往比自然物更准确、更现实、更具有针对性。这样，西周时期礼器从自然向价值的转换，基本可描述为从自然物向人工物再向意义物的递进。或者反而言之，可按照人工实践被意义重构或"卡住"的方式，首先是摆脱实用价值的纯礼器，如玉戈、玉钺、九鼎、铭盘，然后是实用与礼仪混搭的器物，如既用于日常又用于祭祀的鼎簋和钟铙，最后是与人事只发生想象性关联的自然物，如自然界的草木鸟兽。于此，由物构成

---

[1] 根据礼器实用功能弱化、表意功能强化的一般原则，今人在两者之间划出界限的方法可能有两个：一是鼎簋等器物是否符合人体工程学的原理，借此判断其是否实用。如被西周王朝从殷搬运到成周洛邑的九鼎，其目的显然不是煮汤造饭，而只可能是礼器。因为它庞大的体量已超出了日常炊具或食器的适宜规格。二是根据青铜器的器型和铭文识读及所处位置做出判断。如西周时期的青铜鼎盘，许多为浅腹，内部容量小，不太适宜盛汤质食物，仅具有摆设的价值。同时，这一时期的青铜铭文，强化了器具的意义传达功能。尤为重要的是，这些铭文大多刻在青铜鼎盘的内壁，显然也与盛纳食物的实用目的格格不入。

的礼仪体系沿着一个逐渐松弛的模式演进。

六、表意体系的复原与拓展

中国社会自西周始,由身体、服装、佩饰、器具、建筑、城市组成的物体系,为礼仪的施行奠定了基本格局。孔子在《论语·阳货》篇里曾质疑:"礼云礼云,玉帛云乎哉?乐云乐云,钟鼓云乎哉?"[1]这是在强调礼乐要有内在情感作为基础,但玉帛钟鼓对于礼乐的重要性并不能因此被小觑。这是因为,如果没有物化的礼器以及人以行为对礼的演示,抽象的礼乐精神将无法在人的经验之域显现,也无法付诸实践。进而言之,礼,我们说它对于个体是一种立于肉身的行为艺术,对于群体是一门建构公共仪式的典礼艺术,原因也无非在于它具备了作为艺术的基本特性,即感性呈现(行为与器具的视觉特性)、审美化(行为和器具所构建环境的雅化)以及对精神意义的包蕴(礼意)。也就是说,感性、审美、意义共同构成了礼的艺术性,而物的呈现在其中具有奠基性。孔子曾赞叹:"周监于

---

1 杨伯峻译注:《论语译注》,中华书局1980年版,第185页。

二代，郁郁乎文哉！"[1]这里的"文"，对于一个200余年后的思想者而言，他评价的依据也主要是基于历史的可视性，即那一时代遗存的典礼仪式和器物的丰富性。由此看来，西周时期由礼器的遗存而显现的物的表意体系，虽然无法囊括当时礼的全部内容，却是对那一时代进行有效理解的基本对象，也构成了那一时代礼作为艺术的最显要的侧面。

当然，这也提示人们，仅仅以身体、服装、佩饰、器具、建筑、城市来理解西周礼仪又远远不够。在这六类主要的构成物之间，存在着模糊地带，需要一些过渡性器具将其连缀成一个有机连续体。同时，也需要一些兼备礼仪与生活双重属性的器具，将人的世俗欲求与精神超越打通。比如，在日用与礼器之间，除了鼎簋等饮食器皿存在左右摆动的可能性之外，像西周的玉琮，既是礼器，也是束发器。另像玉鱼、玉蚕等佩饰，与其说是出于单独彰显礼意或纯粹审美的目的，还不如说是在两者之间摆动、游移更恰切。在一个统一的礼器连续体内部也可以看到，每一种上述礼器之间都有过渡环节。比如在身体与

---

[1] 杨伯峻译注：《论语译注》，中华书局1980年版，第28页。

表现身份地位的章服之间，必有近身衣或内衣[1]，以实现身体护持与礼仪外发的过渡。在身体性的服装佩饰与周边陈列式的鼎豆礼器之间，也存在衔接。比如《周礼》中谈到的六瑞或六玉，有的是拿在手里的（如玉圭），有的是既可佩带又可手持的（如玉璧）。这类礼玉既是身体性的佩饰组件，又游离于身体；既是上手之物，同时又向陈列性的身外之物（如鼎豆）延伸。这种双向的游移性，使其将"身边之物"与"身外之物"连缀成了一个整体。再看陈列式的青铜鼎与包蕴更大空间的建筑：以《尚书·顾命》所列西周祖庙里的陈设为例，有几案、漆器、玉器、戈、弓、矢以及手持各种礼器的仪仗队，当然更有在其间穿行的诸多办事人员。这些静置的物或行动的人，不仅充塞了鼎豆之外的剩余空间，而且也以人的行动给建筑内部的空间结构带来活跃和动感。加上乐器的演奏，则使这一空间内的各种礼器组件更显有机和丰满。在单体建筑与城市之间也是如此，公卿觐见、诸侯聘问、车马仪仗的往还，均关联于诸

---

[1] 西周时期的内衣，于史无考，但《左传》中记有春秋时期的内衣穿着状况，借此可反推西周时期或许也存在。如《左传·宣公九年》："陈灵公与孔宁、仪行父通于夏姬，皆衷其衵服，以戏于朝。"杜预注："衵服，近身衣。"(《十三经注疏》整理委员会整理，李学勤主编：《十三经注疏·春秋左传正义》，北京大学出版社1999年版，第622页）

种建筑，从而将前殿后寝、南朝北市、左祖右社联结成一个功能统一的有机整体。

进而言之，礼的施行范围绝不仅仅止于从服装到城市这种种的人工创制物，而是向自然和神界无限蔓延。也即，除以礼在人工创制的环境中展开人际交往外，其更广阔的范围是面向自然世界的，即礼天祭地，礼器也成为其中的必然伴随物。如《仪礼·觐礼》云："祭天燔柴，祭山、丘陵升。祭川沉。祭地瘗。"[1]这种礼仪及礼器向周边非人工世界的延展，直接导致了一个被无限放大的礼仪空间的生成。如《礼记·乐记》云："大乐与天地同和，大礼与天地同节……礼者，天地之序也……明于天地，然后能兴礼乐也。"[2]这中间，如果说由礼器组成的物的表意体系是艺术，被礼器建构的空间秩序是艺术性的，那么这一体系最终所要达成的，就是于物离物，于象离象，以有限之物实现对一个无限"礼仪—艺术"世界的昭示。

（原刊《文艺研究》2013年第1期）

---

1 杨天宇撰：《仪礼译注》，上海古籍出版社2004年版，第295页。
2 《十三经注疏》整理委员会整理，李学勤主编：《十三经注疏·礼记正义》，北京大学出版社1999年版，第1087—1090页。

汉代图像世界与大一统美术之诞生

在一般人的印象中，没有什么比哲学和图像之间的距离更遥远。比如，哲学讲求抽象，图像讲求具象；哲学讲求宏观，图像讲求具体；哲学讲求玄远，图像讲求直观；等等。这里的抽象、宏观、玄远等特性均意味着哲学对现实中具体形象的摆脱，也即"超以象外"构成了一切哲学的共同本质。但具有讽刺意味的是，哲学家为了寻求有形事物背后的实体或决定因，不得不超越形象，但超越了形象后，人又将无所感知、无所经验、无所语言。所以，即便对于一些让人唯有以沉默面对的本体性范畴，人仍然不得不以言言其不可言、以象像其不可像。这样，以图像的方式把握世界，就成为人无法逃离的认识方式。当然，这里的图像并不能直接等同于绘画或画像，而是指人对世界的图像式把握。如海德格尔所言，哲学的"世界图像并非意指一幅关于世界的图像，而是指世界被把握为图像了"[1]。但是，就哲学与艺术的关系而言，艺术往往是一个时代哲学观念的物化形式。世界只有首先被以哲学的方式把握为图像，人才能形成图像化的世界观，并进而以艺术的方式呈现出来。就此而言，哲学乃至神学观念的图像化，就为一个时代的艺术表达规划了方向。

汉代是中国图像艺术极度繁荣的时代。除历史文献中记有这一时代大量的绘事活动外，其画像砖石（以及帛画、漆画）更是存量惊人。主题则纵贯天地人神，为人呈现出那一时代的具有整全性质的宇宙图景。从哲学层面看，汉代图像艺术的繁荣与其哲学从形而上学向宇宙论的下降有关。这种下降使宇宙成为图像，而绘画则正是在对这种宇宙图像的模拟或再现中派

---

[1] ［德］马丁·海德格尔：《世界图像的时代（1938）》，载《林中路》（修订本），孙周兴译，上海译文出版社2008年版，第78页。

上了用场。从现实层面看，汉代是中国历史上大一统王朝的确立期，这个"大一统"包括天人一统、天下一统和君臣父子一统。其中，天人一统表现为思想者以天人感应为世俗政权确立神意的依据，以祥瑞灾异作为上天垂示的神迹，以图谶作为天意的暗示物，其直接的后果就是使汉代绘画与代表神意的祥瑞、图谶相纠缠，成为在天命与人事之间建立沟通的媒介，具有神秘主义性质。天下一统则表现为汉人将帝国版图组入阴阳五行哲学的架构，在五方、五色、五味、五音的系统配置中变得琳琅满目，成为有序而多姿多彩的图像世界。这种被哲学和现实政治共同规划的空间图景，使汉代美术成为一种既包罗万象又浑然一体的大一统美术。此后，中国艺术多元发展，但大都逃不脱这一时代提供的极具饱满性的图像背景。

一、秦汉哲学的图像转向

在中国哲学史中，对世界的图像把握是人认识世界的最原初方式。像《周易》的八卦，就是中国先民用阴阳爻组合成的八种图式来指代世界，具有典型的"象思维"[1]特征。此后，老子试图以形而上的道论实现对这种图像式把握的超越。比如在他看来，"道可道，非常'道'"[2]，道是不可诉诸名相的；一旦诉诸名相，它就不再是恒常的道。但是，这并没有排除他仍需借助名相来谈论道。如他在《道德经·十五章》中讲："古之善为道者，微妙玄通，深不可识。夫唯不可识，故强为之容：豫兮若冬涉川；犹兮若畏四邻；俨兮其若客；涣兮其若凌释；敦兮其若朴；旷兮其若谷；混兮其若浊。"[3]在这段话中，老子认识到了道"深不可识"，但他仍然不得不用形象性的语言将道之"容"呈现出来，即"豫兮""犹兮""俨兮""涣兮""敦兮""旷兮""混兮"。这种矛盾提示出一种永难克服的思维困境：一方面，哲学在形而上层面必然因超验而一无所见，另一方面，如果这形而上的道果真一无所见，它对人而言将不具有任何意义。对于这种矛盾，唯一可行的解决方法只能是在

---

[1] 如王树人所言："《周易》内涵的根本，就在于它通过巫术性的卜筮活动'观物取象'，并进而达到'象以尽意'。'象'是《周易》体系的核心。也就是说，《周易》是借助'象'的'流动与转化'这种'象思维'来把握世界的。"（王树人：《中国传统智慧与艺魂》，武汉出版社2006年版，第62页）
[2] 陈鼓应：《老子注译及评介》，中华书局1984年版，第53页。
[3] 陈鼓应：《老子注译及评介》，中华书局1984年版，第117页。

有象与无象、经验与超验之间保持弹性，这就是老子用"恍惚""混沌"等若有若无的图像来描述"道之容"的用意。

老子之后，战国两汉时期的哲学基本放弃了对道的本体性追问，而更关注道在现象世界的显现和敞开问题。比如在《庄子》中，老子逻辑性的"道体"转化为经验性的"体道"，所谓的"道"则演变成作为万物存在性状的"道性"。如《庄子·知北游》所记："东郭子问于庄子曰：'所谓道，恶乎在？'庄子曰：'无所不在。'东郭子曰：'期而后可。'庄子曰：'在蝼蚁。'曰：'何其下邪？'曰：'在稊稗。'曰：'何其愈下邪？'曰：'在瓦甓。'曰：'何其愈甚邪？'曰：'在屎溺。'"[1]按照这种观点，道作为道性潜存于万物之中，人则应该搁置对道的本体性追问，转而关注它在现象或图像世界的开显问题。或者说，既然自然界中任何卑下的存在物都承载、显现着道，自然本身也就成为道性的物化表征。至战国晚期，《吕氏春秋》讲得更直接："民无道知天，民以四时寒暑日月星辰之行知天。"[2]在此，日月星辰、四时寒暑被视为自然天道在现

---

1 郭庆藩辑，王孝鱼整理：《庄子集释》（第三册），中华书局1961年版，第749—750页。
2 （汉）高诱注：《吕氏春秋》，上海书店1986年版，第312页。

象世界的展开形式，它们以有序的排列和运转形成对天道的印证。至于道，在《吕氏春秋》中则被具体化为天道和地道，而且被分别赋予了不同的视觉形式。如《吕氏春秋·圆道》云："天道圜，地道方。圣王法之，所以立上下。"[1] 这种"天道圆""地道方"之论，不仅使原本形而上的道感性化、具体化，而且为我们勾勒出了一个天圆地方的世界图景。

有汉一代，是中国政治的大一统时代，也是哲学的大一统时代。这种哲学大一统的重要表现，就是延续了战国中晚期的综合倾向，将传统道家哲学、阴阳五行哲学、易学、儒学都组入一个统一的天地系统，以和现实政治相呼应。基于这种功利性的哲学观，这一时代的哲学既不是形而上的，也不是形而下的，而是"形而中"的，即通过各种哲学观念向中间地带的抱合，实现天道与人事的贯通。根据这一目标，当时的哲学流派均做了相应调整。如先秦时期更具形上特性的道家，在汉代黄老化，它主张"持以道德，辅以仁义"[2]，意在为超验的天道补上现实功利。相反，人本主义色彩浓厚的儒家，则不再"罕言

---

1 （汉）高诱注：《吕氏春秋》，上海书店1986年版，第31页。
2 何宁撰：《淮南子集释》（上册），中华书局1998年版，第497页。

天道"[1]，而是为其一贯专注的人间事务补天道，使其获得神圣价值。如董仲舒云："天地者，万物之本，先祖之所出也。……君臣父子夫妇之道取之。"[2] 另外，崛起于战国中晚期的阴阳五行学说，本身就是在天道与人事之间摆荡的思想流派，体现出天然的"形而中"性质。这一学说在秦汉时期大行其道，与其在天人之间进退自如大有关系。再如《易传》，它在战国晚期因对《周易》的创造性阐释而引人注意，并对汉代哲学形成重要影响，其哲学取向与阴阳五行学说有相似性。这样，所谓汉代哲学的"大一统"，在很大程度上可理解为诸种哲学流派向宇宙论的整体汇集。易言之，一种具有鲜明图像性质的宇宙构成理论成为汉代哲学的共识性理论。

对于汉代哲学的宇宙论转向，后世学者一般评价不高。如徐复观云："淮南宾客中的道家们，不惯于纯抽象的思考，必将由老子所建立的形上概念，在具体事物上作想象性的描述，使其成为非抽象非具体的奇特状态；在这种地方，可以看出

---

[1] 如《论语·公冶长》录子贡语云："夫子之文章，可得而闻也。夫子之言性与天道，不可得而闻也。"（《十三经注疏》整理委员会整理，李学勤主编：《十三经注疏·论语注疏》，北京大学出版社1999年版，第61页）
[2] （汉）董仲舒撰，（清）凌曙注：《春秋繁露》（中册），中华书局1975年版，第329页。

他们的笨拙。……汉人不长于抽象思维，这是思想上的一种堕退。"[1] 再如劳思光对汉儒的批评："汉人一般观念，皆以为说阴阳、谈灾异即是'儒学'或'经术'，因遂以伪作真。今董仲舒又假借政治力量以提倡此种'天人相应'之说，于是作为阴阳五行家与儒家之混血儿之汉儒思想，竟一度僭据中国哲学'正统'之'宝座'。自汉以后，除言佛老者以外，知识分子莫不受此种荒谬思想之笼罩。直至宋代二程立说，心性论方日渐重振，此则董仲舒等人不能辞其咎也。"[2] 这两则批评，前者是讲汉代道家缺乏本体论高度，后者是讲以董仲舒为代表的汉儒缺乏心性论深度。但必须指出的是，正是这外、内两极的双重缺失，造就了汉代哲学的独特。易言之，它舍其两端而用其中，直接导致了汉代哲学在两极之中间地带的膨胀，一个饱满而丰盈的图像化宇宙正是因此而生的。而汉代艺术（画像砖石、帛画、漆画）之所以能将天地人神一并诉诸图像表达，原因则正在于当时宇宙观念的全面感性化。

那么，秦汉哲学对于宇宙的图像表达是什么？现根据《吕

---

[1] 徐复观：《两汉思想史》（第二卷），华东师范大学出版社2001年版，第133页。
[2] 劳思光：《新编中国哲学史》（二卷），广西师范大学出版社2005年版，第28页。

氏春秋》《淮南子》《春秋繁露》等文献，综述如下。

首先，阴阳、天地、时空构成了当时宇宙观念的整体轮廓。按照秦汉哲学的元气自然论，人类生存的宇宙是被自然之气充盈的宇宙，气若有若无的特性使其表象为混沌或恍惚。气分阴阳，其中阳气上升成为天，阴气下降成为地，阴阳交合生成万物，运化流转成为四季。从空间上讲，天是圆的，地是方的，人则生存于这个"凉亭式"的方圆架构之内。从时间上讲，四季的流转使自然界花开花落、草木枯荣，也使作为自然组成部分的人类在其中经历生命的消长。同时，阴阳的运化、时空的流转，使宇宙显现出运动的旋律性，也使宇宙图像从静态转为动态，显现为充满动感的形象。

其次，按照战国至秦汉时期的五行观，当时人生活的世界是一个色香味俱全、琳琅满目的世界。由阴阳交合、天地架构、时空交错而成的世界，其内部由金、木、水、火、土五种要素构成，五行又分别对应于五方、五色、五音、五味等。这种多彩而有序的布局，使人居世界显现出稳定而多彩的图像感。同时，在汉代文献中，青龙、白虎、朱雀、玄武四兽，分别对应于东、西、南、北，这为居于中央之地的人类展现出了更具现实感的世界画面。

最后，按照汉代的天人相副、相感理论，人与世界在相互类比中表现出图像化的交互关系。其中，人有精神形体，对象世界有天地；人有耳目，天有日月；人有血气，天有风雨；人有胆肺肾肝脾，天有云气风雨雷……这样，天地被视为人体式的或人化的天地，人体也同样被视为天地化的人体。[1] 易言之，我们可以根据人体的形象为天地画像，也可以根据天地的形象重构对人体的图像认知。两者的同形同构则预示着，天地人最终必以图像的方式表现为一个统一整体。

---

[1] 关于汉代的天人相副（同形同构）观念，《淮南子·精神训》云："夫精神者，所受于天也，而形体者，所禀于地也。……故头之圆也象天，足之方也象地。天有四时、五行、九解、三百六十六日，人亦有四支、五藏、九窍、三百六十六节。天有风雨寒暑，人亦有取与喜怒。故胆为云，肺为气，肝为风，肾为雨，脾为雷，以与天地相参也，而心为之主。是故耳目者日月也，血气者风雨也。"[何宁撰：《淮南子集释》（中册），中华书局1998年版，第505—508页] 又如董仲舒云："唯人独能偶天地。人有三百六十节，偶天之数也；形体骨肉，偶地之厚也。上有耳目聪明，日月之象也；体有空窍理脉，川谷之象也；心有哀乐喜怒，神气之类也。……是故人之身，首妢员，象天容也；发，象星辰也；耳目戾戾，象日月也；鼻口呼吸，象风气也；胸中达知，象神明也；腹胞实虚，象百物也。……天地之符，阴阳之副，常设于身，身犹天也，数与之相参，故命与之相连也。"[（汉）董仲舒撰，（清）凌曙注：《春秋繁露》（下册），中华书局1975年版，第439—442页]

二、作为神性图像的祥瑞和图谶

在汉代,哲学的一统是与政治的一统相互匹配的。被"天地""阴阳""时空"等宏大概念规划的宇宙,不仅构成了人的经验边界,而且也为世俗政权规划了权力边界。但是,人的经验边界并不是世界的事实边界,在人的经验之外,自然依然会按照它自己的方式无限延展,直至超出人的经验。对于这一区域,汉代思想者的处理方式既不像先秦儒家,也不像先秦道家。比如老子,他以严格的理性精神,将这一超验之域设定为道之所在。它只生成或建构世界,并不直接干预人间事务。孔子则对这一区域存而不论,即"君子于其所不知,盖阙如也"[1]。但汉代不同,这一时代的思想者首先用天地、阴阳、五行、四时等建构了一个人间世界,在这一世界之外,则仍存在着超自然力。对于汉代儒家来讲,这种超自然力是异己的、神性的、有意志的,它能以其伦理的权威对人间事务做出决断,并以奖惩影响人的现世命运。对于道家和儒家来讲,这种超自然力则代表着人的生存理想和目标,它是神仙的居所,对人的

---

1 (宋)朱熹撰:《四书章句集注》,中华书局1983年版,第142页。

世俗生活形成永恒的召唤和引领。要而言之，无论是儒家还是道家，在这一时代都将神性赋予了超验世界，使天人关系成为最重要的关系。

在汉代儒家中，董仲舒是在天人之间建立神性关系的代表。他不但认为超验性的天在形体上与人类同，而且能以超自然的神意与人相感相应。这个天是一切人间事务的主宰者和裁判者，它做出裁判的标准就是儒家的善恶伦理观。按照这一标准，人间帝王做了好事，天会予以奖赏；做了坏事，天则会予以惩罚。但同时，这个天因为是超验的，所以无形无象。或者说，即便有形象，也超出了人的感知范围。这样，它向人间行使权力的方式就不是直接在场，而是以"神迹"向人间显现福祸的预兆和警告。如董仲舒所言："国家将有失道之败，而天乃先出灾害以谴告之；不知自省，又出怪异以警惧之；尚不知变，而伤败乃至。以此见天心之仁爱人君而欲止其乱也。"[1]在这段话中，自然灾害、天象反常乃至国家的局部动乱，均被视为上天对人的警示。相反，如果天子治国勤勉、为政以德，上天就会降下黄龙、凤凰、神雀等吉兆作为奖赏。关于这种上天

---

[1] （汉）班固撰，（唐）颜师古注：《汉书》，中华书局1999年版，第1901页。

与人的互动，《礼记·中庸》说得更直接，即"国家将兴，必有祯祥。国家将亡，必有妖孽。见乎蓍龟，动乎四体，祸福将至，善必先知之，不善必先知之"[1]。

按照董仲舒及《礼记》作者设定的这种天降神迹的预示性，观察自然界的凶兆和吉兆就成为对帝国命运做出预判的最重要方式。在此，人事善恶、国家兴亡之类的抽象命题，也就被人以祯祥或妖孽的方式把握为图像。在汉代，这类对天地吉凶、阴阳灾异的记载，广见于《史记》之《天官书》，《汉书》之《郊祀志》《天文志》《五行志》，《后汉书》之《天文志》《五行志》中，其数量之繁、之多让人叹为观止，这是对祥瑞、灾异现象在汉代影响力的充分证明。但是，以自然现象推断人事吉凶，也存在巨大风险。比如，士人以"下甘露，朱草生，醴泉出，风雨时，嘉禾兴，凤凰麒麟游于郊"[2]等祥瑞称颂天下太平，固然皆大欢喜，但如果预言者借自然灾异谴责帝王失德，则往往会面临生命危险，如公元前135年，辽东高祖

---

1 《十三经注疏》整理委员会整理，李学勤主编：《十三经注疏·礼记正义》(下)，北京大学出版社1999年版，第1449页。
2 (汉)董仲舒撰，(清)凌曙注：《春秋繁露》(上册)，中华书局1975年版，第116页。

庙和长陵高园殿先后发生火灾，董仲舒借此推算国家政治的疏失，就引起武帝和众臣的猛烈抨击，并被处以死罪，后赦免。此后，"仲舒遂不敢复言灾异"[1]。在这种背景下，以理论形式总结出天道与人事之间的互动规律、提高预言的针对性和精准性，就显得极为重要。在汉代，这类更具针对性的预言方式被称为"谶纬之学"，其中涉及图像的部分被称为"图谶"。

在中国早期历史上，图谶又称"符谶""图箓""图纬"，是以图文并用的方式对各种人间事务做出预言。刘勰《文心雕龙·正纬》云："有命自天，乃称符谶。"[2] 这鲜明地指出了这种图文作为上天垂兆的性质。现代学者研究汉代谶纬，一般仅注意其中文字的部分，这和当时谶书图像的遗失有关，也和历代儒家士人重视义理阐发的传统有关。但是，图谶之所以为图谶，必然是先有图，后有谶，所谓"谶"则只不过是对图的注解和说明。按许慎《说文解字》："谶，验也，有征验之书。河洛所出书曰谶。"[3] 刘熙《释名》："谶，纤也，其义纤微也。"[4]

---

1 （汉）班固撰，（唐）颜师古注：《汉书》，中华书局1999年版，第1919页。
2 王利器校笺：《文心雕龙校证》，上海古籍出版社1980年版，第21页。
3 （汉）许慎撰，（清）段玉裁注：《说文解字注》，上海古籍出版社1981年版，第90页。
4 刘熙撰：《释名》，中华书局1985年版，第99页。

这些都强调了谶作为隐秘而充满暗示性的语言文字的特性。与此比较，符谶之"符"，《说文》释云："符，信也。汉制以竹，长六寸，分而相合。"[1] 这是将"符"解释成了核验当事者身份或指令的标识物。它不是文字，而是具有符号或图像性质。[2]

关于汉代图谶的起源及图像表现，历史学家陈槃曾指出："图之属，最先出者为河图，简称则曰'图'。书史之所谓'图书'，其牵涉秘文者，厥初本为河图洛书之简称。然谶纬书，大都附以图绘，故其书多以'图'名者，如《易》类有《易统验玄图》《通卦验玄图》《稽览图》；《尚书中候》类有《中候敕省图》；《诗》类有《诗纬图》；《礼》类有《瑞

---

[1] （汉）许慎撰，（清）段玉裁注：《说文解字注》，上海古籍出版社1981年版，第191页。
[2] 除图谶外，汉代图书图文并置的属性，也表现在其他各种著作中。按《汉书·艺文志》，当时的解《易》类著作《神输》，图一》，《论语》类著作有《孔子徒人图法》二卷"，儒家著作有"《列女传颂图》"。兵家著作配图最多，如"《楚兵法》七篇，图四卷"《孙轸》五篇，图二卷"《王孙》十六篇，图五卷"《魏公子》二十一篇，图十卷"《天一兵法》三十五篇，《神农兵法》一篇，《黄帝》十六篇，图三卷"《风后》十三篇，图二卷"《鹖冶子》一篇，图一卷"《鬼容区》三篇，图一卷"《别成子望军气》六篇，图三卷"《鲍子兵法》十篇，图一卷"《伍子胥》十篇，图一卷"《公胜子》五篇，《苗子》五篇，图一卷"。另外，天文类著作有"《图书秘记》"，历谱类著作有"《耿昌月行帛图》二百三十二卷"［参见（汉）班固撰，（唐）颜师古注《汉书》，中华书局1999年版，第1352—1389页］。

应图》;《乐》类有《协图征》《五鸟图》。如此之等,不可悉数。又《洛书》亦有图,《后汉书·方术传·序》曰:'河洛之文,龟龙之图。'按龟图,即洛书。"[1]陈槃在这段话中认为,传说的河图洛书是汉代图谶的起源。关于河图与洛书的关系,《汉书·五行志》中征引了刘歆的以下观点:"刘歆以为伏羲氏继天而王,受《河图》,则而画之,八卦是也;禹治洪水,赐《雒书》,法而陈之,《洪范》是也。"[2]按照这种看法,作为世界图像的河图(八卦)不仅比洛书(《尚书·洪范》)出现要早,而且后者只不过是对前者的文字性注脚。图像之于文字具有明显的先在性和主导性。以此推断陈槃所列的、见于汉代《七纬》中的《易统验玄图》等文献,虽然今天只有文字遗存,其"纬"或"谶"的部分也必然是从属性的。也就是说,汉代图谶,是以图像为中心的,不是谶文附以图绘,而是图绘附以谶文,具有鲜明的图像中心的特点。

除图谶、符谶外,汉代政治预言的图像性质也表现在"符箓""箓图""图箓"等概念中。其中的"箓"(籙),今人一般

---

[1] 陈槃:《古谶纬研讨及其书录解题》,台湾编译馆1991年版,第171—172页。
[2] (汉)班固撰,(唐)颜师古注:《汉书》,中华书局1999年版,第1081、2068页。

理解为记载天命的文字性簿籍，但在秦汉文献中，这种簿籍却具有图画性质。《吕氏春秋·观表》云："圣人上知千岁，下知千岁，非意之也，盖有自云也。绿图幡薄，从此生矣。"[1]《淮南子·俶真训》云："九鼎重味，珠玉润泽，洛出丹书，河出绿图。"[2]《文心雕龙·正纬》在谈及汉代谶纬之术时也讲："尧造绿图，昌制丹书，其伪三矣。"[3]从这些文献看，其中的"箓"虽然被后世理解为对"图"的文字性说明，但它却是有红绿色彩的。易言之，它不但表意，而且表象。同时，就河图与洛书相互对举的意义而言，这里的"书"也不仅仅是文字，而是用丹书书写的文字，显示出文字表现的非常态性。另外，这类传达"天意"的文字，在字体上也往往与它的时代相区隔，显示出"鬼画符"的样态。据此来看，汉代的图谶、符谶、图箓或箓图，整体表现出图像中心主义的鲜明意向。其中，图谶之"图"是图画，符谶之"符"是图案化的符号，图箓之"箓"则以其独特的文字结体方式和色彩表现向图画靠拢。

在汉代，灾异祥瑞对国家政治的影响起于汉文帝时期，至

---

[1] （汉）高诱注：《吕氏春秋》，上海书店1986年版，第274页。
[2] 何宁撰：《淮南子集释》（上册），中华书局1998年版，第156—157页。
[3] 王利器校笺：《文心雕龙校证》，上海古籍出版社1980年版，第21页。

武、宣时期达到高峰。[1]图谶则起于西汉晚期的王莽时代。如张衡所言："至于王莽篡位，汉世大祸，八十篇何为不戒？则知图谶成于哀、平之际也。"[2]东汉时期，光武帝刘秀以"好图谶"著名，他于中元元年（56）"宣布图谶于天下"[3]，对于国家重大事务往往"以谶决之"[4]。以此为背景，东汉诸帝上行下效，图谶逐渐被赋予了官方制度形式，并浸淫于那一时代的文化和学术中。如《后汉书·张衡列传》所记："初，光武善谶，及显宗、肃宗因祖述焉。自中兴之后，儒者争学图纬，兼复附以妖言。"[5]另如东汉时期最能代表官方意识形态，并在儒家士人中形成共识的《白虎通义》，大量引用了汉代谶书内容。按照

---

1 如《后汉书·光武帝纪》所记："孝宣帝每有嘉瑞，辄以改元，神爵、五凤、甘露、黄龙，列为年纪，盖以感致神祇，表彰德信。"[（南朝宋）范晔撰，（唐）李贤等注：《后汉书》，中华书局1999年版，第56页]
2 （南朝宋）范晔撰，（唐）李贤等注：《后汉书》，中华书局1999年版，第1292页。
3 （南朝宋）范晔撰，（唐）李贤等注：《后汉书》，中华书局1999年版，第57页。
4 如《后汉书·桓谭传》记云："有诏会议灵台所处，帝谓谭曰：'吾欲以谶决之，何如？'谭默然良久，曰：'臣不读谶。'帝问其故，谭复极言谶之非经。帝大怒曰：'桓谭非圣无法，将下斩之！'谭叩头流血，良久乃得解。"[（南朝宋）范晔撰，李贤等注：《后汉书》，中华书局1999年版，第643页]又见《后汉书·郑兴传》："帝尝问兴郊祀事，曰：'吾欲以谶断之，何如？'兴对曰：'臣不为谶。'帝怒曰：'卿之不为谶，非之邪？'兴惶恐曰：'臣于书有所未学，而无所非也。'帝意乃解。"[（南朝宋）范晔撰，（唐）李贤等注：《后汉书》，中华书局1999年版，第821页]
5 （南朝宋）范晔撰，（唐）李贤等注：《后汉书》，中华书局1999年版，第1291页。

侯外庐的讲法:"如果把《白虎通义》的文名和散引于各书中的谶纬文句对照,各篇都是一样的。百分之九十的内容出自谶纬。"[1]

以现代科学观念而论,这类图谶无疑是荒诞不经、自欺欺人的,但就其在历史中产生的实际影响看,它却强化、加固了当时人对汉王朝君权神授的观念。东汉自章帝以降,政权日益腐败,社会矛盾尖锐,但汉王朝仍维持了130余年,其中重要的原因就是它基于谶纬神学的王命观念深入人心,让别有用心者不敢轻易僭越。于此,图谶这种有图有文的神性图像,也就在人事之外为汉政权的维系增加了一道额外的屏障。同样,从哲学层面看,无论是祥瑞灾异还是符箓图谶,都是将本不相关的自然现象与人的福祸命运进行了想象性对接。这种对接同样是荒诞的,但它却反映了汉代哲学以天人共感为基础追求哲学一统的努力。在汉代,司马迁将其史学使命归结为"究天人之际,通古今之变,成一家之言"[2]。董仲舒云:"观天人相与之

---

[1] 侯外庐、赵纪彬、杜国庠、邱汉生:《中国思想通史》(第二卷),人民出版社1957年版,第229页。
[2] (汉)班固撰,(唐)颜师古注:《汉书》,中华书局1999年版,第2068页。

际,甚可畏也。"[1]"天人之际,合而为一"[2]正是这种哲学乃至政治意图的反映。而祥瑞图谶的意义,则在于使抽象的天人关系感性化,使隐秘的阴阳消息获得现象性验证。汉代哲学的图像化在此则以"神迹"的形式获得了阐明。

三、仙界图像与仙境

通过以上分析可知,两汉具有强烈政治意味的神性图像,基本可以分为两类:一是自然性的灾异祥瑞,二是人文性的图谶。但是,这并不是当时神性图像的全部。除此之外,还有表达个人成仙理想的神仙和仙界图像,这也是汉代图像神学的重要组成部分。比较言之,灾异祥瑞和图谶更多是以形而上的天命对人事进行干预和威压,具有强烈的政治性和浓郁的神秘主义色彩,其价值指向是儒家化的。而神仙图像则是以超现实的想象世界对人形成召唤和接引,更多关注个体的生死问题,其价值指向是道家和道教的长生久视理想。

---

[1] (汉)班固撰,(唐)颜师古注:《汉书》,中华书局1999年版,第1901页。
[2] (汉)董仲舒撰,(清)凌曙注:《春秋繁露》(中册),中华书局1975年版,第359页。

在汉代，人对神仙世界的图像把握主要涉及三个区域：一是海上，二是山中，三是天上。列述如下。

首先，海上的部分起于战国中晚期，主要指燕齐方士对东方海上仙山（蓬莱、方丈、瀛洲）的神化，其影响力在秦始皇和汉武帝时代达到高峰。按《汉书·郊祀志》："自威、宣、燕昭使人入海求蓬莱、方丈、瀛洲。此三神山者，其传在勃海中，去人不远。盖尝有至者，诸仙人及不死之药皆在焉。其物禽兽尽白，而黄金银为宫阙。未至，望之如云；及到，三神山反居水下，临之，患且至，则风辄引船而去，终莫能至云。"[1]秦汉时期，这海上的三座神山被想象为仙人的居地，上有仙药，食后可以让人长生不死。正是因此，秦始皇和汉武二帝人生后半段的精神生活，基本被一种想象性的海上仙境主宰。如始皇帝先后受到燕齐方士徐市、卢生、韩终、侯公、石生的蛊惑，汉武帝则长期被栾大、公孙卿等方士欺骗，但至死仍"冀遇其真"[2]。在民间，这一追慕海上仙境的队伍更趋庞大。按《史记·封禅书》所记，公元前109年，武帝东巡海上，"齐人

---

[1] （汉）班固撰，（唐）颜师古注：《汉书》，中华书局1999年版，第1004页。
[2] （汉）司马迁撰：《史记》（全十册），中华书局1982年版，第340页。

之上疏言神怪奇方者以万数"[1]。

其次，山中的部分主要指中国疆域之内的五座神山。如《汉书·郊祀志》："天下名山八，而三在蛮夷，五在中国。中国华山、首山、太室山、泰山、东莱山，此五山黄帝之所常游，与神会。黄帝且战且学仙，患百姓非其道，乃断斩非鬼神者。百余岁然后得与神通。"[2] 汉武帝之后，由于神仙信仰的民间化，几乎所有与人间常态生活相隔离的山均被神化，被视为仙人的居地。像刘向《列仙传》所记的神仙，大多生活于形形色色的山中。如赤松子之于昆仑山，宁封子之于宁山，黄帝之于桥山，偓佺之于槐山，方回之于五柞山，吕尚之于南山，务光之于浮梁山，仇生之于北山，邛疏之于太室山，等等。这样，自汉代以降，在中国人的想象之域，山与神仙就形成了稳固的关联。如刘熙《释名》云："仙，迁也，迁入山也，故其制字人旁作山也。"[3]

最后，天上的部分是秦汉神仙思想的总根源，也是神仙获得超越品质的最高根据。比较言之，海上和山中作为与人现实

---

1 （汉）司马迁撰：《史记》（全十册），中华书局1982年版，第1190页。
2 （汉）班固撰，（唐）颜师古注：《汉书》，中华书局1999年版，第1020页。
3 刘熙撰：《释名》，中华书局1985年版，第43页。

生活拉开距离的异域，它仍然是与人若即若离的，唯有天上是人永远难以到达的区域，所以它代表了人寻求现实超越的绝对空域。正是在此意义上，秦汉时期的神仙，无论最终是归依于海上还是隐没山中，其前提都是垂直向上式的高飞远举。在汉代，这种以空间性的高远为标识的神仙区域，最早出现于司马相如的《大人赋》中，到东汉末年的《太平经》，则以这一绝对性空域为核心建立了道教的神仙体系。如其中言："长生大主号太平真正太一妙气，皇天上清金阙后圣九玄帝君，姓李，是高上太之胄，玉皇虚无之胤，玄元帝君时太皇十五年，太岁丙子兆气，皇平元年甲申成形，上和七年庚寅九月三日甲子卯时，刑德相制，直合之辰，育于北玄玉国、天冈灵境、人鸟阁蓬莱山中、李谷之间。"[1] 在这段话中，《太平经》的作者首先赋予了"长生大主"（最高宗主）"太一妙气"的性质，它以气化的形式超越了一切具体化的空间和时间；其次是九玄帝君，他居于皇天上清金阙，这是空间意义上的制高点；最后是道教大神玄元帝君，则孕育于北玄玉国的蓬莱山中。也就是说，从作为宇宙元质的"妙气"到作为空间高处的"皇天上清金阙"，

---

[1] 王明编：《太平经合校》（上册），中华书局1960年版，第2页。

再到作为空间远方的蓬莱山，基本可以标示出道教自上而下的神仙衍生过程。在这一过程中，垂直上升的天顶代表了汉代神仙存在的最高方域。

简言之，海上、山中、天上三个维度，基本可以概括汉代黄老道家和道教关于方外世界的神仙想象。这些区域因远离现实世界而被想象为神仙的居所，也因其与现实生活图景的异质性而被把握为仙界图像。在汉代，这种超越性的神性图像被道家和道教勾勒出了大致框架，并在汉画像砖石、帛画和漆画中得到广泛表现。后世中国画论，习惯于将神道像和仙画冠于诸篇之首[1]；人物画和山水画则体现出从形似向神似、从可见之域向不可见之域游移的趋势。这种绘画观念和画风的形成，无非因为中国社会早期的仙界想象为后世艺术规划了精神最终需要达至的目标。

---

1 如《宣和画谱·叙目》云："司马迁叙史，先黄老而后六经，议者纷然；及观扬雄书谓'六经济乎道者也'，乃知迁之论为可传。今叙《画谱》凡十门，而道释特冠诸篇之首，盖取诸此。"（潘运告主编，岳仁译注：《宣和画谱》，湖南美术出版社1999年版，第6页）

四、汉代大一统美术之诞生

有汉一代，是中国古代大一统帝国得以确立并稳健发展的时代。所谓"大一统"，即国家以集权形式实现政治的完全统一。但对汉代而言，问题并不是如此简单。如前所言，自战国中期至秦汉，中国哲学一直涌动着思想走向统一的潮流，其中对汉帝国影响最巨者，则非阴阳五行家莫属。从西汉历史看，这一学派之所以能形成重大影响，原因在于它以处于中间地带的宇宙构成理论打通了天人，让"蔽于天而不知人"[1]的道家下降为黄老，让"罕言天道"的儒家"推阴阳，为儒者宗"[2]。这样，汉代哲学的形成过程，就是儒与道围绕阴阳五行学说的集结和重塑过程。由此形成的哲学一统，为汉帝国政治上的大一统提供了重要的理论准备。

汉代哲学的一统，以宇宙论的膨胀为其特点。但这个宇宙既不是纯自然的，也不是纯人文的，而是体现出天人交感、人

---

[1] 《荀子·解蔽》云："惠子蔽于辞而不知实，庄子蔽于天而不知人。故由用谓之道，尽利矣。"[（清）王先谦撰，沈啸寰、王星贤点校：《荀子集解》（全二册），中华书局1988年版，第392—393页]
[2] 《汉书·五行志》云："董仲舒治《公羊春秋》，始推阴阳，为儒者宗。"[（汉）班固撰，（唐）颜师古注：《汉书》，中华书局1999年版，第1082页]

神杂合、生死混成的混融特性。在这个宇宙内部，汉代人似乎对任何空间的虚无都充满焦虑，所以他用五行、五方、五味、五色使其感性化，以青龙、白虎、朱雀、玄武使其呈现为直观形象，然后又以仙人鬼魅、赤兔金乌、狮虎猛龙、神雀瑞兽使其变得活跃多姿，以蓬莱、昆仑暗示一个可望而不可即的远方。总之，这是一个具有高度饱满感和丰盈感的宇宙。我之所以说汉人的宇宙观是图像化的，原因就在于它赋予一切自然空间可视性和可感性。而由这种图像化的方式实现的哲学一统，既不是先秦道家的"道通为一"，也不是后世儒家的"心外无物"，而是一个由天地人神交汇而成的纯然感性的物象体系。

汉代美术，正是这个自然物象体系的映像形式。2000年，顾森曾在其《秦汉绘画史》中，将汉代美术称为"大一统的美术"。在他看来，汉代美术的大一统是风格学意义上的，即"整个社会对某一艺术形式和内容的追求与喜好"，"一个图样，或一个历史故事，或一个造型手法，可以在全国各地同时出现或流行一段时间，每当成为全国风潮时，又都恪守了一个基本形式"。[1] 而当时之所以会出现这种艺术风格的大体一致，原

---

1 顾森:《秦汉绘画史》，人民美术出版社2000年版，第4页。

因则在于汉帝国的政治统一。但是，从以上分析可以看到，汉代美术的一统性，绝不仅仅停留于艺术风格或形式的表层，也绝不仅仅是来自政治的外在影响。就其本质而言，它是汉代感性化宇宙观念的直接衍生品。易言之，是汉代人首先将整个宇宙把握为图像，然后才在一种天地人神共在的美术中找到了载体。

汉代美术的这种大一统特性，集中表现于它以艺术的方式实现了对天地时空格局的模拟，从而使艺术成为汉代宇宙观念的视觉相等物。如东汉王延寿在《鲁灵光殿赋》中，描述了西汉景帝时期遗存的著名建筑——鲁国的灵光殿。其中记载殿内壁画云："图画天地，品类群生。杂物奇怪，山神海灵。写载其状，托之丹青。千变万化，事各缪形。随色象类，曲得其情。上纪开辟，遂古之初。五龙比翼，人皇九头。伏羲鳞身，女娲蛇躯。鸿荒朴略，厥状睢盱。焕炳可观，黄帝唐虞。轩冕以庸，衣裳有殊。下及三后，淫妃乱主。忠臣孝子，烈士贞女。贤愚成败，靡不载叙。恶以诫世，善以示后。"[1] 从这段赋

---

1 （清）严可均辑，许振生审订：《全后汉文》（下册），商务印书馆1999年版，第590页。

辞可以看出，灵光殿壁画首先"图画天地"，表现出牢笼万有、与宇宙齐一的宏大格局。其次是自然物象的空间性展开，即汉代人使宇宙变得丰满的诸多"杂物奇怪"和"山神海灵"。最后是对人文史的时间性叙事，即从鸿蒙初开到自然神，从人文初祖到圣王谱系，再到善恶两离的当下社会。由此看当时人的宇宙观念以及作为其展开形式的空间和时间，也就通过一幅壁画得到了完整的再现。灵光殿壁画的价值与其说在其艺术性，还不如说在其以图像方式传达了那一时代的世界观念，即世界是一个由空间和时间共构的大一统世界。

同样的大一统观念也表现于东汉武梁祠的汉画像石中。按照巫鸿的讲法："武梁祠画像根据内容和装饰部位可分为三大部分，一是祠堂内顶上所刻'祥瑞'图像，其中心思想是'天'以及儒家政治理想。二是左右山墙上的西王母、东王公形象，其中心思想是'仙'或东汉人心目中的永恒境界。第三个，也是最大的部分是绘在三面墙上的44个带有榜题的人像和情节性图画，共同组成一部规模浩大的'中国史'。"[1] 按照这

---

1 ［美］巫鸿：《汉画读法》，载北京大学中国传统文化研究中心编《文化的馈赠——汉学研究国际会议论文集·考古学卷》，北京大学出版社2000年版，第189页。

一自上而下的序列，屋顶如同天宇，祥瑞图像代表上天垂示的征兆。左右山墙上的神仙世界虽然在位格上比天低了一个层级，但它却代表了人间社会的超越理想。正是按照这一序列，人间圣哲和众生的历史在更靠下的三面墙壁上铺陈开来了。这一由天向仙、再向人的下降，或者由人向仙、再向天的上升，以直观的形式表现了当时人对天人关系的理解，整个屋宇的内部空间则形象反映了当时人的宇宙构想。巫鸿将这一祠堂称为"宇宙之图像"[1]，正是因为它以一种宇宙全景式的大一统美术，充当了那一时代哲学观念的形象表征。

再看1972年出土的长沙马王堆一号汉墓T形帛画。该画创作于西汉文帝时期，内容为墓主人辛追（长沙国丞相利苍夫人）的升仙图。这幅作品自下而上分为四段：最下面一段，描述的是海洋性的地下世界，一个裸身的力士站在巨鲸或巨鳌之上托起陆地，周围有海怪、长蛇、巨鱼环绕。这种海洋图景与战国时期邹衍的"大九州"说具有一致性。自下而上的第二段是陆地，它被覆盖于由帷幔和玉璜构筑的天幕之下，表现的是

---

[1] 〔美〕巫鸿：《武梁祠——中国古代画像艺术的思想性》，柳扬、岑河译，生活·读书·新知三联书店2006年版，第89页。

人间祭祀的场景。向上的第三段被青、赤二龙及玉璧托起，表现的是墓主人对人间的告别或神界的接引。最上面一段是天界或神界的情景，日月朗照，祥龙飞腾，瑞兽漫舞，悬铎和鸣，预示着墓主人最后理想的归处。这幅帛画的意义在于，它将人时间性的生死以空间性的阶梯形式勾画了出来。从地下世界到地上世界，再到仙界和神界，展开了一个往生的天路历程。在这一历程中，时间被空间化，同时空间也被时间化；人的死亡被神性化，人生的每个环节也被赋予神性。比较言之，如果说鲁灵光殿壁画和武梁祠画像是对宇宙图像的静态呈现，那么马王堆一号汉墓帛画则以墓主人个体化的生命之旅，将多层级的生死两界（冥界、生界、仙界、神界）贯通了起来。这是一个充满动感的有机宇宙，也是人以个体生命历程参与的宇宙。而马王堆一号汉墓帛画无疑充当了这种宇宙观念的视觉相等物。

关于汉画的阅读，巫鸿曾在其《汉画读法》一文中，将读法分为低层、高层和中层三类。在他看来，"低层分析是对单独图像的考释，高层分析则宏观汉画的发展及与社会宗教、意识形态的一般性关系。对特定遗址'图像程序'的解读可说是一种'中层'研究，其主要目的是揭示一个墓葬或享堂所饰画像的象征结构、叙事模式、设计者的意图，及'主顾'的文化背景和动机"[1]。这中间，所谓"低层"分析，兼有历史考辨和文本细读的双重意思；高层分析属于对汉画的外部关系研究。我认为，这个"中层"研究，并不排斥对图像的具体分析，同时也可放大为墓室、殿宇、祠堂的整体布局，但关键是要透过这些对象看到汉代美术的宇宙论意义。上文所述的鲁灵光殿壁画、武梁祠石画像、马王堆帛画，均具有这种意义。但问题还不止于此，另像汉代的明堂、皇家建筑、墓室结构、城市布局，其实均是其天地一体、宇宙一统观念的物化形式或微缩形态。有学者曾将其称为一种"宇宙象征主义图式"[2]，那正是在讲汉代美术既承接了哲学、神学上的天地一统、人神一统、生死一统之观念，又以美术的方式将这种观念在现实中变现。易言之，宇宙内在构成的一统和艺术表达与这一时期宇宙观念的一统，构成了理解汉代大一统美术的两个关键侧面。

从中国画史看，汉代美术以其与宇宙等量齐观的形式，为后世中国绘画规划出了一个无法逾越的边界。在这一边界之

---

[1] [美] 巫鸿：《汉画读法》，载北京大学中国传统文化研究中心编《文化的馈赠——汉学研究国际会议论文集·考古学卷》，北京大学出版社2000年版，第188页。
[2] 朱存明：《汉画像之美——汉画像与中国传统审美观念研究》，商务印书馆2011年版，第339页。

内，艺术主题的丰富性堪称空前绝后。比如，在自然山水方面，汉代除了有让观者蓦然生出寒热之感的《北风图》和《云汉图》外，画像砖石中的同类题材更不乏见。如见于四川大邑的《弋射收获画像砖》、成都的《盐场画像砖》、彭县的《荷塘渔猎画像砖》和《桑园画像砖》等，均属山水性质的杰作。在人物肖像方面，汉代文献广记有当时帝王主导的大型绘事活动，如西汉宣帝甘露三年（前51）绘十一名臣之图、东汉明帝永平三年（60）绘云台二十八将图、东汉灵帝时期为鸿都才人画像等。在地方政府和民间，先代圣贤图像、列士图、列女图、美人图乃至一般市井人物图像，更是充塞于文献记载和画像砖石中。其他如历史故事、庭院建筑、车马出行、宴饮酬唱等题材，则具有更广泛的弥漫性。易言之，人的经验所在，便是图绘所在。同时，汉画又远远溢出了人的经验世界，进而向想象乃至神性之域展开，如汉画中形形色色的驱疫避邪图、祥瑞异兽图、升仙图、日月星宿图，具有将整个宇宙塞满又超拔于宇宙之外的性质。据此看中国后世的绘画，似乎只剩下了山水、花鸟、人物等，这到底意味着艺术史是日益走向专精还是日益走向褊狭、是日益进步还是日益退化，确实值得思考。在这种背景下，重申汉代大一统美术在中国画史中的本源地位，重建绘画与宇宙万象的整体关联，就成为中国艺术获得再造的关键。同时，按照从绘画、美术、图像到宇宙经验这一逐步放大的逻辑，艺术问题最终必然是通达于哲学乃至神学的宇宙论问题。反而观之，宇宙论问题则成为理解人间一切造像活动的总根源、总背景。可以认为，这种艺术与哲学的互渗互证，不仅对重建汉画的解释模式是重要的，而且也能为当代重新界定艺术的性质和意义提供历史的借鉴。

（原刊《文艺研究》2017年第3期）

中国画史中的图、画之辨

在中国绘画史上,"图"与"画"是一对既各自生成又相互纠缠的概念。其中,"图"就其作为动词而言,指对一件事情的反复考虑和谋划;就其作为名词而言,则指图像和图画。"画"也兼有动词和名词的双重特性。作为动词,它指筹划、计划,也指画画;作为名词则指绘画作品。两者合而言之,"图"与"画"作为动词,因兼有谋划、筹划的意思而词义相近;作为名词,一指图像,另一指绘画,则具有共同的视觉形象特性。正是因此,在中国漫长的艺术史中,这两个概念长期语义重叠，相互混用。比如单件的绘画作品，画家习惯于以"图"相称，如《洛神赋图》《步辇图》《匡庐图》《清明上河图》《长江万里图》《富春山居图》等。但是某一类型的画，人们又往往称为"画"，如山水画、花鸟画。同时也可能称为"图"，如美人图、春宫图等。那么，在"图""画"之间，到底是否存在表意差异？厘清这一差异，对于认识中国艺术史到底有什么独特的意义？下面我尝试回答这一问题。

一

从中国艺术史看，"图"与"画"的词义纠缠起于先秦，到两汉时期达到高峰。同时在汉代，两者也开始出现语义分离的征象。这种纠缠与分离，预示着绘画作为一门独立的艺术，以汉代为其肇端；同时也意味着本文对于图、画关系的辨析，主要依托于汉代文献。

第一，就"图"与"画"作为一般动词而言，都指考虑、谋划、计划、策划之类的心理意图，但就其词义的表现层次来讲，"图"居于词义的深层，"画"则居于词义的浅层。从"图"到"画"，表现出心理意图通向实践的渐进性。如司马迁《史记·龟策列传》记云："会上欲击匈奴，西攘大宛，南收百越，卜筮至预见表象，先图其利。"[1] 班固《汉书·高帝纪》云："天下既安，豪杰有功者封侯，新立，未能尽图其功。"[2] 这里的"图"表现出当事人对达到某一目的的潜在心理欲求。与此比较，"画"作为计划，则是"图"的具体化，距离某一目的的实施更近了一步。如《史记·荆燕世家》："高后时，齐人田生游乏资，以画干营陵侯泽。"[3]《史记·淮阴侯列传》录韩信语云："臣事项王，官不过郎中，位不过执戟，言不听，画不用，故倍楚而归汉。"[4] 这里的"画"，均具有实施计策、计划的意思，是人的内在心理意图付诸实施的直接前奏。以秦末楚汉争霸为例：当时，无论是刘邦还是项羽都有打败对方的强烈意图，这种意图具有潜在性和恒久性，而韩信的"画"则是具体的实施计策或计划。这样，"图"与"画"虽然表面看来具有表意的一致性，但其词性却具有从心理深层向表层，进而向实践不断浮现的特点。换言之，"图"与"画"具有连续关系，

1　（汉）司马迁撰：《史记》（全十册），中华书局1999年版，第2441页。
2　（汉）班固，（唐）颜师古注：《汉书》，中华书局1999年版，第43页。
3　（汉）司马迁撰：《史记》（全十册），中华书局1999年版，第1598页。
4　（汉）司马迁撰：《史记》（全十册），中华书局1999年版，第2034页。

前者构成了后者的心理基础和背景。

第二，在秦汉时代，"图"与"画"作为与艺术活动相关的专指动词，都指图画、画图或画画，但两者表意的深邃性存在差别。如在汉代文献中，有许多"图""画"连用的组合词，像《淮南子·兵略训》："兵之所隐议者天道也，所图画者地形也。"[1]《汉书·霍光金日䃅传》："日䃅母教诲两子，甚有法度，上闻而嘉之。病死，诏图画于甘泉宫。"[2] 这里的"图画"，显然意味着表象方式从"图"到"画"的渐次显现，或者从肖像绘制的深层意图向具体成像技术的实践性过渡。于此，"图"与其作为一般动词时显现的特性一样，构成了"画"的基础和背景。同时，在汉代相关文献中，图与画相分离的用法也很多，如司马相如《天子游猎赋》："莲藕觚卢，奄闾轩于。众物居之，不可胜图。"[3]《后汉书·李恂传》："（李恂）持节使幽州，宣布恩泽，慰抚北狄，所过皆图写山川、屯田、聚落百余卷。"[4] 这里之所以单用"图"，原因在于它并不像画一样，以对

---

[1] 何宁撰：《淮南子集释》（下册），中华书局1998年版，第1081页。
[2] （汉）班固撰，（唐）颜师古注：《汉书》，中华书局1999年版，第2228页。
[3] 龚克昌等评注：《全汉赋评注》，花山文艺出版社2003年版，第124页。
[4] （南朝宋）范晔撰，（唐）李贤等注：《后汉书》，中华书局1999年版，第1137页。

事物的纯然审美表现供人观赏，而是有深层的认知目的。换言之，图是本质的、内容的、认知的，画是表象的、形式的、审美的。图与画相比，存在于表意的深层。在制图和画画之间，制图具有奠基性。它一方面需要通过画获得审美表现，另一方面画也需要图作为其背后的依托。

第三，在秦汉时代，"图"与"画"除作为动词使用外，也均具有名词性，共同指代视觉图像，但比较言之，"画"作为名词指代图像所占的比例要远远大于"图"。如《汉书·景十三王传》记云："（刘去）其殿门有成庆画，短衣大绔长剑。"[1] "（刘海阳）置酒请诸父姊妹饮，令仰视画。"[2] 王充《论衡·须颂篇》："宣帝之时，画图汉列士，或不在于画上者，子孙耻之。"[3] 但更多情况下，"画"只有与"图"或"像"联用时才能获得名词性。如《汉书·外戚传》："观古图画，贤圣之君皆有名臣在侧。"[4] 王充《论衡·别通篇》："人好观图画者，

---

[1] （汉）班固撰，（唐）颜师古注：《汉书》，中华书局1999年版，第1851页。
[2] （汉）班固撰，（唐）颜师古注：《汉书》，中华书局1999年版，第1854页。
[3] 黄晖撰：《论衡校释（附刘盼遂集解）》（第三册），中华书局1990年版，第851页。
[4] （汉）班固撰，（唐）颜师古注：《汉书》，中华书局1999年版，第2930页。

图上所画，古之列人也。"[1]《后汉书·朱穆传》注引《谢承书》云："穆临当就道，冀州从事欲为画像置厅事上。"[2]另外，东汉末书法家仇靖有《黾池五瑞画像》文。[3]按照王充"图上所画"一句的暗示，在图与画的关系中，图明显是基础性的，或者说画是以图为背景形成的视觉表现。在画与像的关系中，像则是画的最终呈现形式，或者说像的在场使画获得了确定性。这样，在图、画、像三者之间，画具有将图导向像的中介性质。同时，画的这种中介性质也鲜明地体现在"画图"这一组合词中。在汉代乃至先秦"画图"联用的案例中，"画"都是动词性的。如《庄子·田子方》讲到"宋元君将画图"[4]，这里的"画"与"图"的关系就是动词与名词的关系。《汉书·张汤传》记"千秋口对兵事，画地成图"[5]，则更直观地道出了图不但是画的前提，而且是画的最终成果。由这种分析看，在中国先秦两汉时期，画作为中介，它或者背靠着图指向像，即"图→

1　黄晖撰：《论衡校释（附刘盼遂集解）》（第二册），中华书局1990年版，第596页。
2　（南朝宋）范晔撰，（唐）李贤等注：《后汉书》，中华书局1999年版，第993页。
3　参见（清）严可均辑，许振生审订《全后汉文》（下册），商务印书馆1999年版，第807页。
4　郭庆藩辑，王孝鱼整理：《庄子集释》（第三册），中华书局1961年版，第719页。
5　（汉）班固撰，（唐）颜师古注：《汉书》，中华书局1999年版，第2014页。

画→像";或者以图为产生背景,最终又以图为结果,即"图→画→图"。无论哪一种方式,均意味着画是中介性的,不具有独立价值。但同时,从上引《汉书·景十三王传》和王充的《论衡·须颂篇》,又可以看出它在某种程度上获得了对绘画的独立名词性指称。这种双重特点,正是汉代绘画艺术在独立与非独立之间游移的证明。

第四,在汉代,"图"与"画"是一对具有高度非对称性的概念。两者之间不是并置关系,而是包含与被包含的关系。关于"图"这一概念的指涉范围,南朝宋颜延之曾讲:"图载之意有三:一曰图理,卦象是也;二曰图识,字学是也;三曰图形,绘画是也。"[1]按照这一界定,图在南北朝时期包含了周易卦象、文字书写和绘画三种形式,绘画只是其中的一个类别。由此反观两汉,图涵盖的范围更广,绘画在其中占据的份额则更小。这中间,卦象和文字书写的图像性质暂且不论,但就颜延之所列的"图形"而论,汉代除了绘画尚显模糊的面目之外,更大量存在的是一些非艺术图像,如天文图、地图、图

---

[1] (唐)张彦远著,俞剑华注释:《历代名画记》,上海人民美术出版社1964年版,第3页。

谶、符箓等，绘画只是这一庞大图像体系的组成部分或衍生物。关于图与画之间的这种包含与被包含关系，英国学者柯律格曾讲："在明代，所有的画都可以归属于一个更大的图的范畴，而非所有的图都可以归属于画的范围。"[1] 也就是说，直到明代，中国绘画也没能独立于图像。一个对象若是画则一定是图，若是图则未必是画。如果对这种在中国历史上一直持续的图、画关系作出历史追溯，秦汉时期建构的庞大图像体系无疑是具有奠基性的。

第五，中国秦汉时期对图、画之间层级关系的确立，最根本地奠基于河图洛书传说对图像本源的神化，这一神化使图获得了不可动摇的本体论根据。自先秦始，在中国人的文明起源观念中，河图洛书即被赋予了人文肇始的意义。如孔子《论语·子罕》云："凤鸟不至，河不出图，吾已矣夫！"[2]《易传·系辞上》："河出图，洛出书，圣人则之。"[3] 到汉代，这种

---

[1] [英]柯律格：《明代的图像与视觉性》，黄晓鹃译，北京大学出版社2011年版，第10页。
[2] 《十三经注疏》整理委员会整理，李学勤主编：《十三经注疏·论语注疏》，北京大学出版社1999年版，第115页。
[3] 《十三经注疏》整理委员会整理，李学勤主编：《十三经注疏·周易正义》，北京大学出版社1999年版，第290页。

观念则被进一步神化或谶纬化，成为汉儒关于中国文明起源的最具正统性和主流性的解释。但进而言之，按照《易传·系辞上》的讲法，河图出自黄河，洛书出自洛水，那么这河图洛书就进一步有个来处的问题。对此，两汉儒家解释如下：

> 《易》曰："天垂象，见吉凶，圣人象之；河出图，洛出书，圣人则之。"刘歆以为伏羲氏继天而王，受《河图》，则而画之，八卦是也。禹治洪水，赐《洛书》，法而陈之，《洪范》是也。(《汉书·五行志》)[1]

> 天下太平，符瑞所以来至者，以为王者承天统理，调和阴阳，阴阳和，万物序，休气充塞，故符瑞并臻，皆应德而至……德至渊泉，则黄龙见，醴泉涌，河出龙图，洛出龟书，江出大贝，海出明珠。(《白虎通德论·封禅》)[2]

> 夫河出《图》，洛出《书》，圣帝明王之瑞应也。

---

[1] （汉）班固撰，（唐）颜师古注：《汉书》，中华书局1999年版，第1081页。
[2] （清）陈立撰，吴则虞点校：《白虎通疏证》（全二册），中华书局1994年版，第283—285页。

(《论衡·感虚篇》)[1]

《图》出于河,《书》出于洛。河图、洛书,天地所为,人读知之。(《论衡·雷虚篇》)[2]

河图洛书,皆天神言语,所以教告王者也。(《六艺论》)[3]

在中国文明史上,伏羲画卦是一个标志性事件,它意味着古圣先王以八卦形塑世界,是人为自然立法或建立秩序的起点。伏羲因此被推崇为华夏人文始祖,图像(八卦)之于中国文明则获得了历史本体论的意义。但是伏羲画卦之说,自身存在着一个难以克服的哲学矛盾,即他以八卦为自然和人类立法,但他自身作为自然和人类的组成部分,则存在着一个谁为他立法的问题。据此,要解决这一矛盾,就必须在人类之外找

---

[1] 黄晖撰:《论衡校释(附刘盼遂集解)》(第一册),中华书局1990年版,第249页。
[2] 黄晖撰:《论衡校释(附刘盼遂集解)》(第一册),中华书局1990年版,第308页。
[3] (东汉)郑玄著,陈鱣辑:《六艺论》,中华书局1985年版,第3页。

到一个绝对的他者，这个他者就是对包括伏羲在内的一切人类都有效的神。上面列举的河图洛书、天降祥瑞之说，都是将八卦图像的首创权交给了人类之上的神性之天。据此看中国历史上的图像本体论以及图与画的关系，就必须进行重新排序。也就是说，其中的图是本体性的，它首先来自神赐或天道自然的给予；八卦则是次生性的，它由伏羲仿效河图而画出。换言之，唯有河图才是自然天成的图，而包括伏羲画卦在内的一切人工图像都只能是后发性的画。按照这种对图、画关系的定位，图必然因神学的支持而具有神圣性，因其哲学的超越性而具有存在的高度，因其对自然的全面统摄而在宇宙论层面无所不包，因其占据了无法还原的文明起点而获得深邃的历史感。与此相比，伏羲画卦只能是这一神性之图的现象剩余，而后世的一切绘画作品则至多不过是影子的影子、模仿的模仿罢了。

二

以上，我主要从词性变化、概念范围、图像本体论三个角度分析了中国社会早期对图、画关系的认识。其中，词性变化对图、画关系的影响，可参照许慎和段玉裁对这两个字的解释。如许慎《说文》释"图"云："图，画计难也。"段注："《左传》曰：'咨难为谋。'画计难者，谋之而苦其难也。《国语》曰：'夫谋必素见成事焉而后履之。'谓先规画其事之始终曲折，历历可见，出于万全，而后行之也。故引伸之义谓绘画为图。"[1] 段玉裁的这段释义首先强调了"图"的动词性，即心理谋划的艰难。在他看来，这与画家在绘画之前为谋篇布局而殚精竭虑的情形相一致。一个有趣的案例是，汉昭帝元凤元年（前80），大将军霍光因为遭到上官桀、桑弘羊等大臣的弹劾而"止画室中不入"[2]。这个"画室"，到底是指大臣的谋划之室，还是指被绘画装饰的房舍，就产生了理解上的巨大困难。三国时期的《汉书》注家如淳曾解释道："画室，近臣所止计画之室也，或曰雕画之室。"[3] 也在两种释义之间采取了模糊立场。可以认为，在汉代，"画室"一词之所以在"计画之室"和"雕画之室"之间难以做出准确辨识，根本问题在于"画"在"谋划"和"绘画"之间的词义游移。当然，也正是这种游移，显示了绘画活动必须以人的心理图谋为前提的特性，从而

---

1 （汉）许慎撰，（清）段玉裁注：《说文解字注》，上海古籍出版社1981年版，第227页。
2 （汉）班固撰，（唐）颜师古注：《汉书》，中华书局1999年版，第2212页。
3 （汉）班固撰，（唐）颜师古注：《汉书》，中华书局1999年版，第2212页。

为理解绘画的心理动因和创作实践的关系理出了一条道路。

就"图"与"画"的差异而论,许慎对"图"的解释是"画计难也",对"画"的解释是"介也。从聿,象田四介,聿所以画之"[1]。这种解释一方面说明了"图"与"画"具有表意的一致性,即无论是处理社会政治事务还是分割田地,都需要谋划,都需要未雨绸缪式的前期心理准备;另一方面也说明两者存在表意深度和广度的差异。比较言之,"图,画计难也",说明由"图"指称的谋划活动具有心理的难度和深度,在表意上侧重内容,而"画"(为田地画出边界)则具有形式分割的意义,它的表意范围存在于事物(田地)的表层,具有更强的形式性和实践性特征。前文说图居于人心理活动的深层,画居于人心理活动的表层,原因正在于此。同时,"图"可以表达人的一切谋划活动,具有表意的一般性,"画"则具体指田产的划界或谋划,这意味着两者虽然同为谋划,但它们之间却存在着包含与被包含的关系,即图可以包括画,画是图的组成部分。在汉代,之所以图像和绘画相比是一个更具内在表意深度

---

[1] (汉)许慎撰,(清)段玉裁注:《说文解字注》,上海古籍出版社1981年版,第117页。

和广度的概念，根本原因也在于"图"与"画"在指称人的心理活动时就已经存在差异。

近世以来，随着图像学研究的展开，中国传统"图"与"画"的表意差异已引起学术界的注意。如柯律格认为，"图"："该字的语义学范围使得任何单独的英语单词都似乎不够确切。作为动词，'图'可以有一系列的意思：'希望、期待、计划、设计。'"[1]作为名词，它可以指称地图（map）、图画（picture）、图示（diagram）、肖像（portrait）、图表（chart）、绘画（painting），似乎涵盖了人类所有的视觉表现形式。[2]与"图"的这种表意广度相一致，其表意深度和高度更值得注意，即：在心理层面，"图"代表了人心理深层具有艰深性的精神预谋；在哲学层面，它以八卦的原始图像构成了世界秩序的本体论基础；在神学层面，河图是自然神灵的给予，它神奇地从河水中横空出世，成为对天地宇宙的神秘图示。这些特性，均非一般绘画所能企及。

---

[1] [英]柯律格：《明代的图像与视觉性》，黄晓鹃译，北京大学出版社2011年版，第119页。
[2] 参见[英]柯律格《明代的图像与视觉性》，黄晓鹃译，北京大学出版社2011年版，第118页。

从中国秦汉历史看，图的如上特点，使其在与画的比较中占据了压倒性的优势。概而言之，"图"作为动词，它居于人心理活动的深层，而画则居于浅层；"图"作为名词，它的表意范围涵盖了一切图像，而画只是其中的组成部分；图是对事物的全貌呈现，画则是对事物的局部呈现；图触及事物的内在本质，画则仅涉及事物的表象；图是内容性的，画是形式性的；图在本源上是自然的神性给予，画则是人工性的模拟或制作工艺；图是人识读、知解的对象，画是人观看、鉴赏的对象；等等。当然，也正是有这些重要的差异存在，在中国秦汉历史中，人们向来重图而不重画。比如地图、天文图、图谶等分别主导了中国社会早期人的地理时空观念和形而上的神性欲求，而绘画则至多在粉饰太平、润色鸿业等可有可无的层面显现价值。也正是因此，在中国社会早期，绘画活动总是与社会地位低下的画工联系在一起。其中即便有士人参与，也不过像书法、辞赋一样被视为可有可无的雕虫之技。东汉蔡邕曾讲："汉之得人，数路而已。夫书画辞赋，才之小者，匡国理政，未有其能。"[1] 这种对绘画的价值判断，代表了汉代的主流价值

---

1 （南朝宋）范晔撰，（唐）李贤等注：《后汉书》，中华书局1999年版，第1349页。

观，也意味着图与画在这一时代的价值差异仍判若云泥。

但是汉代以降，中国图像艺术的发展史，在某种程度上可视为图与画的价值发生重大翻转的历史。这种翻转的发生首先源于图之神性的丧失和世俗化，其次源于画摆脱了对图的依附，逐步获得了独立价值。就第一点而论，在中国历史上，汉代是崇信天人感应、阴阳消息的时代，这种信仰使其将图（如图谶、河图）神圣化，并作为一切人事活动的指引。汉代以后，图谶仍然存在，但它更多流行于民间社会，知识阶层一般趋于理智清明。河图等也常常被知识阶层谈及，但它基本上已从神学回归到了哲学。这种现象可称为图像的祛魅或去神圣化，其直接的后果就是图像对现实事务和人精神生活的影响力下降。尤其是唐、宋之后，中国的雕版印刷技术开始普及，由此开启了一个图像的世俗时代。与此相对应，中国绘画自魏晋始，逐步摆脱了对图像的依附而获得独立价值。在这一新的背景下，绘画愈是具有形式性，就愈能彰显美的纯粹性；愈是关注事物的表象，就愈能为人的精神植入提供便利；愈是祛除神性，便愈能彰显人性。也就是说，图像靠自然原真性而获得的认知价值，靠宗教暗示而获得的象征价值，在这里似乎被绘画追求的个体精神价值取代。据此来看，魏晋以降中国绘画艺术的发展过程，应算是艺术家的价值取向不断向内转的过程，或者主体性心灵不断成为艺术立法者的过程。比较言之，图的价值标准在自然，画的标准在人的心灵。有了这个新的标准，绘画不但不会因为它无益于"匡国理政"而被视为"才之小者"，反而会因它摆脱了政治神学的纠缠而成为文人重要的精神寄寓形式。

清代画家龚贤在其《云来深树图》题跋中讲：

> 古有图而无画。图者肖其物、貌其人、写其事，画则不必。然用良毫珍墨施于故楮之上，其物则云山、烟树、危石、冷泉、板桥、野屋，人可有可无。若命题写事则俗甚，荆、关以前似不免此。至董源出而一洗其秽，尺幅之间，恍若千里。[1]

在这段话中，龚贤的"古有图而无画"之论，讲述了图在中国社会早期占据主导地位的事实。在他看来，图的功能在于

---

1 张连、古原宏伸编：《文人画与南北宗论文汇编》，上海书画出版社1989年版，第32页。

写实，也正因此易流于庸俗。绘画则是不必写实的，它只以心灵表现为圭臬，云山、烟树、危石、冷泉无一不是心灵的象征。据此来看，中国艺术史中的图、画之变，是中国艺术从自然走向心灵、从神性走向人性这一过程的必然选择，两者之间的价值翻转则正是整个社会价值发生主体性转向的必然反映。

三

但耐人寻味的是，中国画自其发端至近现代，却一直保持着以"图"自名的漫长传统。这到底是上古图像记忆留下的艺术残迹，还是要借与历史保持一致而使绘画续存一种久远的神圣性？确实值得思考。同时，在中国画史中，虽然自魏晋以降中国绘画有日益心灵化、审美化的趋向，但我认为，它仍然是广义的图像的组成部分。或者说，图的历史纵贯中国绘画史，所谓"古有图而无画"或者中古以降图、画分离的讲法，只是现代人用后发的艺术观念重构历史的产物，并无法改变图像观念对中国画史的整体覆盖和持续影响。简论如下。

首先看中国画以"图"自称的问题。就前文关于"图""画"概念的比较可以看出，图比画传达着更深邃的精神意图，具有表意的内在深度和传达人的世界经验的广度，同时与世界的自然和神性本源（河图）更相切近。就此而言，画家明明画的是画，却自称其作品为"图"，显然不仅仅是对历史称谓的沿袭问题，而是存在着为其作品赋予更高人文价值的企图。在中国画史上，历代画家和画论家无不试图在审美之外抬高绘画的价值。如曹植云"存乎鉴戒者图画也"[1]，这涉及绘画的伦理价值；陆机云"丹青之兴比雅颂之述作，美大业之馨香"[2]，这涉及绘画之于国家政治建构的意义；王微讲"图画非止艺行，成当与《易》象同体"[3]，这涉及绘画与天地万物的哲学对接；张彦远讲"古先圣王受命应箓，则有龟字效灵，龙图呈宝。自巢燧以来，皆有此瑞。迹映乎瑶牒，事传乎金册。庖牺氏发于荥河中，典籍图画萌矣"[4]，这涉及绘画的神性本源问题。这中间，无论是社会伦理、国家政治，还是自然哲学和神

---

1 （唐）张彦远著，俞剑华注释：《历代名画记》，上海人民美术出版社1964年版，第5页。
2 （唐）张彦远著，俞剑华注释：《历代名画记》，上海人民美术出版社1964年版，第4—5页。
3 （唐）张彦远著，俞剑华注释：《历代名画记》，上海人民美术出版社1964年版，第131页。
4 （唐）张彦远著，俞剑华注释：《历代名画记》，上海人民美术出版社1964年版，第1—2页。

学，都最终使绘画溢出了文人雅赏的边界，具有和人的世界经验等量齐观的性质。据此来看，自上古至现代，中国画家之所以称其作品为"图"而非"画"，并不仅仅是一种历史习惯，而是为了在审美之外，使其作品展现出更深邃、更宏阔、更高远的价值。画家从不认为自己仅仅是一名丹青妙手，而是兼具伦理学家、政治家、哲学家乃至神学家等种种更崇高的职分。也就是说，在中国画史上，图被赋予的神圣性和价值多元性，使图、画之辨从根本上关涉到对绘画这门艺术的价值深化和拓展。当然也唯有如此，才能使长期以士人自许的画家摆脱"艺行"的限定，在职业中找到通达家国天下、人神之思的崇高感。魏晋以降，虽然这种宏大的价值关怀相对弱化，但它仍然是中国画家关于自身定位的最重要依据。画家之所以持之以恒地称自己的作品为"图"，则正是将绘画艺术的价值无限外向放大的意图使然。

其次是中国早期图画的价值显现问题。从艺术史看，虽然今人已习惯于从画（drawing/painting）的维度认识图像的历史，并将审美价值作为其核心价值，但如上所言，在古代中国，图与画并没有截然分界，画以向图趋近作为最终目标。像中国夏商时期青铜器上的纹饰图案，其审美价值固然存在，但更重要的价值却是要对出行者起到地理引导作用[1],同时充当中国早期国家一统观念的视觉标识物。[2]换言之,认知、审美、象征三种价值,对于认识中国早期图像艺术缺一不可。同时,即便真正意义上的绘画,其价值也不仅仅止于审美,而是有其意义的无限开敞。如《周礼·考工记》:"画缋之事,杂五色。东方谓之青,南方谓之赤,西方谓之白,北方谓之黑;天谓之玄,地谓之黄。"[3]在此,青、赤、白、黑、玄、黄与天地四方对应,这就使原本艺术(或工艺)色彩学的问题获得了宇宙论的意义。就此而论,在中国早期艺术史中,不但将图(如青铜器纹饰图案)理解为画是狭隘的、浅薄的,而且即便是画("画缋之事"),仅仅理解为现代意义上的绘画也极大减损了它审美之外的意义。

再次是如何看待魏晋以降中国画的向内转问题。比较言

---

1 按《左传·宣公三年》:"昔夏之方有德也,远方图物,贡金九牧,铸鼎象物,百物而为之备,使民知神、奸。故民入川泽、山林,不逢不若。魑魅罔两,莫能逢之。"[《十三经注疏》整理委员会整理,李学勤主编:《十三经注疏·春秋左传正义》,北京大学出版社1999年版,第602—603页]也就是说,夏鼎上的纹饰图案,意在增进人民对未知世界的了解,具有博物学和旅行指南的性质,认知意义大于审美意义。

2 参见刘成纪《陶铜审美之变与中国早期国家的形成》,《郑州大学学报(哲学社会科学版)》2016年第4期。

3 张道一注译:《考工记注译》,陕西人民美术出版社2004年版,第221页。

之,中国秦汉以前绘画的图像表现是外向的,即绘画在外向映射中成为天地自然图像的组成部分。魏晋以降,中国绘画逐步成为人心灵的映像形式。但即便在心灵维度,无论是写神、写意,还是呈现意境、境界,绘画所彰显的无非人的内宇宙的图景,其寄寓的精神也远远不是"审美"一词可以概括的。也就是说,秦汉以前绘画对外部世界的象征性摹写和魏晋以降对人心灵宇宙的呈现,从两个侧面开启了中国艺术从画走向图的道路,即绘画通向自然和人心灵之图的媒介意义要远远大于绘画自身作为艺术的自律意义。另外,即便我们认可中国中古以降绘画的向内转意味着艺术摆脱图像而自律,这也难以概括中国后半段画史的真实状况。比如有宋一代,《宣和画谱》将绘画按题材分为十门,即道释、人物、宫室、番族、龙鱼、山水、畜兽、花鸟、墨竹、蔬果[1],其中真正能够体现心灵化趋向的至多有山水、花鸟、墨竹三项。同时,即便山水、花鸟之类的文人题材,在宋代也没有被心灵化,而是将写实发展到了登峰造

---

[1] 参见于安澜编《画史丛书·目录》(第二册),上海人民美术出版社1963年版,第6—7页。

极的程度。[1]也就是说，是认知而不是审美构成了这一时代艺术的真正特性，绘画作为图像的认知意义仍具有奠基性。至于中古以降图画分离或两者关系发生翻转的看法，只不过是后世文人画家以后发的艺术观念重建了历史罢了。

最后需要指出的是，本文对中国艺术史中图、画关系的辨析，并不仅仅是满足一种历史兴趣，而是具有鲜明的现代指向。19世纪末以降，以德国人阿比·瓦尔堡为先导，对视觉艺术的图像学研究已经成为当代艺术研究的最大宗。这一研究方法基本搁置了对绘画审美鉴赏价值的关注，而将其作为认知或识读的对象，以探寻其中隐藏的历史奥秘和哲学象征意义。于此，绘画被图像化。同时，大量传统上无法被纳入艺术史范围或被置于艺术史边缘地带的图像，则因艺术边界的拓展而被作为艺术来看待，所谓绘画艺术则因此泛化为图像艺术或视觉

---

1 虽然当代艺术史家习惯于肯定宋画的写意特性和当时文人画的价值，但事实上逼真的图像摹写却仍具有奠基性。如沈括《梦溪笔谈·书画》记云："欧阳公尝得一古画牡丹丛，其下有一猫，未知其精粗。丞相正肃吴公与欧公姻家，一见曰：此正午牡丹也。何以明之？其花披哆而色燥，此日中时花也；猫眼黑睛如线，此正午猫眼也。有带露花，则房敛而色泽；猫眼早暮则睛圆，日渐中狭长，正午则如一线耳。"（张富祥译注：《梦溪笔谈》，中华书局2009年版，第177—178页）这段话虽然是在谈古画鉴赏，但却鲜明地透露出宋画在纤毫处求真实的艺术取向。这一取向在宋代院体画中得到了登峰造极的体现。

艺术。按照巫鸿的讲法,"这种把美术史'历史化'的努力可以被看成是对传统美术史的解构,但其结果却并没有导致这门学科的消失或缩小,而是出乎意料地引起了它的迅速膨胀。换言之,新一代的学者们并没有退入被重新定义后的'为艺术而艺术'的缩小范围,而是把更大量'非美术'的视觉材料纳入以往美术史的神圣场地,其结果是任何与形像(image)有关的现象——甚至是日常服饰和商业广告——都可以成为美术史研究的对象……这些研究题目不再来源于传统的艺术分类;对它们的选择往往取决于研究者对更广泛的人文、社会及政治问题的兴趣。因此这些题目从本质上说来必然是'跨学科'的,其长处在于不断和其他人文和社会学科互动,对美术史以外的研究领域提供材料和施加影响"[1]。以此为背景,当代影像技术的进展已使人的生活世界整体成为图像世界,甚至如海德格尔所言:"世界图像并非意指一幅关于世界的图像,而是指世界被把握为图像了。"[2] 至此,绘画向图像的放大,就不仅仅是关乎艺术的问题,而是关乎人的世界观的哲学问题。由此反观本

---

[1] 巫鸿:《美术史十议》,生活·读书·新知三联书店2008年版,第6—8页。
[2] [德]马丁·海德格尔:《林中路》(修订本),孙周兴译,上海译文出版社2008年版,第78页。

文关于中国画史中图、画关系的讨论,就不仅是对中国绘画史研究的深化和拓展,也是在中国本土艺术史中为现代图像学研究寻求理论支持并建立源流关系的重要尝试。

(原刊《文艺研究》2018年第3期)

中国画史中的犬马与鬼魅之辨

40余年来,中国美学史研究大致在两种范式之间保持了张力:一是概念或范畴史研究,二是思想及文化史研究。鉴于历史形态的中国美学并没有充分实现概念化,而对美学思想及文化的历史描述又难以见出理论努力,所以近年来,一种在两者之间寻求折中的方式开始出现,如关于中国美学的关键词、命题史和观念史研究。与此比较,中国艺术史面临的问题可能更加严峻。这是因为,美学史概念体系的缺失尚可以从哲学史中直接借用,而艺术则毕竟又与哲学隔了一层。换言之,艺术固然也可以借助哲学概念建构起理论的历史，但这种历史必然会因为哲学的宏大关切而稀释艺术的独特性，使其仅成为哲学观念的映像形式。同时，与美学相比，艺术在中国历史中的呈现更见散乱。比如，自上古至明清，我国并不存在自觉的"艺术"概念，它可以指琴瑟、音律、书画，也可以指卜筮、方药和相术等。同时，以现代艺术定义反观历史，它的价值定位也存在漫长的分裂和错乱，如诗乐舞长期是贵族性的艺术，很难与建筑、雕塑、绘画之类的百工之艺并置在一起。后来书画因贵族和士大夫的介入陆续提升了地位，但由此又导致了相关艺术活动的非职业化，如文人画等。最后，作为理论建设，现代艺术史家习惯于从中国传统艺论中撷取个别词语，然后使其概念化，如先秦的"比象"、汉代的"巨丽"、魏晋的"传神"等，但这些"概念"往往只对时代的局部艺术现象有描述力，缺乏一般性，极易导致对中国艺术精神整体走向的误判。就此而言，如果说中国美学史尚需不断调整研究策略，那么更趋散乱的艺术史可能需要做的工作更多。

事实上，不但美学和艺术史无法借助概念认知其历史，哲学也一样。2019年，赵汀阳在关键词研究视域下，将山水、渔樵等文化意象引入中国哲学史研究。意象这一前概念形式，显然比概念更能呼应中国哲学和美学表意的多元性。[1]据此，所谓"命题史""观念史""意象史"，均可视为对传统概念史研究的修正和拓展。但问题仍不止于此。从中国美学和艺术史看，一些卓有影响的探讨并不是以规范的思想文本出现的，而更多见于一些日常性的纪事和相关言论中。如林语堂所言，在中国传统社会，思想不是一门科学，而更多的是一种艺术。被今人体系化的所谓"美学"和"艺术理论"，其原发语境往往不过是士人"对一次人生遭遇的评论……或对一次春游、一次雪宴、一次月夜荡桨、一次晚间在寺院里躲雨的记载，再加上一些这种时节各人谈话的记录"[2]。这意味着思想史的呈现更多是事件性的。像《尚书·尧典》里的"诗言志"，离不开舜帝分命九官的历史语境，《左传》里的"季札观乐"、孔子的"与点之乐"，本身就是对一次宴乐和春游活动的记述。就此而言，在中国美学史中，真正形成有效影响的，可能既不是概念、命题、观念，也不是意象，而是事件。

---

1 参见赵汀阳《历史·山水·渔樵》，生活·读书·新知三联书店 2019 年版，第 1—4 页。
2 林语堂：《生活的艺术》，赵裔汉译，陕西师范大学出版社 2003 年版，第 299 页。

单就绘画看，先秦时期，这类对后世中国画史形成重大影响的"事件"至少有两个：一是见于《庄子·田子方》的"宋元君将画图"[1]，另一个是见于《韩非子》的"客有为齐王画者"[2]一节。关于这两次事件对中国艺术史的影响，郑午昌曾讲："宋元君谓解衣槃礴为真画者，尤得图画之真解。齐君客谓画狗马难于鬼魅，其言写生画与想像画难易之别，亦甚确切，实启后世论画之先声。"[3] 鉴于目前行世的中国美学和艺术史对于"解衣槃礴"的讨论已相当充分，本文专论韩非子提出的犬马与鬼魅问题，看这一或真实或源于虚构的画史纪事，到底如何影响了中国传统的绘画取向和价值观。

一、韩非子到两汉：真实原则的奠基及其反题

中国画史上的犬马与鬼魅之论，首见于《韩非子·外储说左上》。其中讲：

---

1 郭庆藩辑，王孝鱼整理：《庄子集释》(第三册)，中华书局1961年版，第719页。
2 (战国) 韩非子著，陈奇猷校注：《韩非子新校注》(全二册)，上海古籍出版社2000年版，第678页。
3 郑午昌编著，黄保戊校阅：《中国画学全史》，上海书画出版社1985年版，第14页。

客有为齐王画者，齐王问曰："画孰最难者？"曰："犬马最难。""孰最易者？"曰："鬼魅最易。"夫犬马，人所知也，旦暮罄于前，不可类之，故难。鬼神，无形者，不罄于前，故易之也。[1]

严格来讲，韩非子记述这段战国时期齐王与画者的对话，其用意并不在绘画，而在于借此彰明法家尚实、尚功的政治思想。这和《庄子·田子方》以"解衣槃礴"来隐喻道家崇尚自然、自由一样，均不过是作为其政治或哲学观念的寓言罢了。但是，正是这种寓言性质，却标明了一种与其政治和哲学观念相统一的艺术价值观。韩非子认为，在犬马与鬼魅之间，画犬马的难度要远远高于鬼魅，而这种难与易是关乎价值的。从《外储说左上》对一系列机巧言辩的批评可以看出，所谓"易"更多指人言论和行为的虚浮无用，"难"则指经过深入思考，抓住了问题的本质。也就是说，韩非子看似在以中立态度谈画犬马和画鬼魅的难与易，但事实上崇难贬易，即"使人去其

---

[1]（战国）韩非子著，陈奇猷校注：《韩非子新校注》（全二册），上海古籍出版社2000年版，第678页。

所易，无离其所难，此治之道"[1]。以此为背景，在韩非子看来，犬马之所以难画，原因在于它们直接存在于现实中，画作是否达到了形似或真实，每位观画者均可以凭借日常经验进行检验；鬼魅之所以易画，则是因为它无法诉诸现实经验验证，画家可以任凭想象自由表达。由此，基于法家的尚实、尚用、尚功思想，画犬马的难正关乎艺术的真实性，进而因真实而于现实有用；画鬼魅的易则意味着它与现实疏离，当然也因疏离现实而虚浮无用。这样，犬马与鬼魅就彰显出两种截然对立的艺术取向和价值观，即前者是经验的、真实的、有用的，后者是超验的、想象的、无用的甚至有害的。在韩非子看来，正确的取向应该是舍易取难、避虚就实，以现实可验证的形象作为艺术的真正形象。

在现代艺术史家眼里，韩非子的犬马与鬼魅之论可能是简易甚至粗陋的，但它依然关涉重大的理论问题。比如，它在形上层面涉及艺术与真理的关系，在一般知识论层面涉及认知和想象，在艺术创作上涉及现实主义与浪漫主义二分，等

---

[1] （战国）韩非子著，陈奇猷校注：《韩非子新校注》（全二册），上海古籍出版社2000年版，第587页。

等。因此,这种略显老套的主张对后世中国绘画显现出巨大的规范能力,甚至主宰了自汉至唐的艺术叙事。如西汉时期,《淮南子·氾论训》讲:"今夫图工好画鬼魅而憎图狗马者,何也?鬼魅不世出,而狗马可日见也。"[1]在中国画史中,这段话像《韩非子》中的相关论说一样,仍是寓言性质的,即借当时画工就易避难的艺术取向,批判儒、墨的知行不一问题,但对绘画的价值判断也包含其中,即强调绘画的现实性,以追求形似为绘画的根本。与此一致,《淮南子·说林训》讲"画者谨毛而失貌,射者仪小而遗大"[2],这句话意在说明绘画不应因小失大,或者避免抓了微观丢了宏观,但总体上仍是在强调形似的重要性。另一个例子来自东晋葛洪的《西京杂记》,其中讲:"元帝后宫既多,不得常见,乃使画工图形,案图召幸之。"[3]宫人王嫱(昭君)由于不肯行贿,被画工丑化,因此远嫁匈奴。后来,汉元帝"乃穷案其事,画工皆弃市"。这一事件说明,西汉绘画的主要功能在于能够有效形成对现实中人或物的指

---

1 何宁撰:《淮南子集释》(中册),中华书局1998年版,第933页。
2 何宁撰:《淮南子集释》(下册),中华书局1998年版,第1194页。
3 (晋)葛洪撰:《西京杂记》,中华书局1985年版,第9页。

认，即"丑好老少，必得其真"[1]。像《西京杂记》所列毛延寿、陈敞、刘白、龚宽、杜阳、樊育等宫廷画家，均是以摹写人物或牛马飞鸟见长，这也说明写实代表了当时官方的主流艺术观念，而凭空臆造的鬼魅类作品则被排除在了这一范围。

到东汉，这种绘画的求实原则得到了进一步强化。如王充在《论衡》中，既批判当时社会的虚妄之言和虚妄之俗，更批判绘画中的虚妄之象。为此，他甚至拿《诗经》与其著作相比：《诗》三百，一言以蔽之，曰：'思无邪.'《论衡》篇以十数，亦一言也，曰：'疾虚妄.'"[2] 在他看来，"世有虚语，亦有虚图"[3]，这类虚图既包括自然性的，也包括历史性的，一个共同的特质是超出了人的现实经验范围，只能诉诸想象。如当时的画工喜欢"图仙人之形"，这些仙人往往"体生毛，臂变为翼"[4]，王充认为，仙人长着鸟的翅膀本身就证明他并不能长生。世俗之中也喜欢把龙画成"马首蛇尾"的形象，这也只能

---

1 （晋）葛洪撰：《西京杂记》，中华书局1985年版，第9页。
2 黄晖撰：《论衡校释（附刘盼遂集解）》（第三册），中华书局1990年版，第870页。
3 黄晖撰：《论衡校释（附刘盼遂集解）》（第一册），中华书局1990年版，第66—67页。
4 黄晖撰：《论衡校释（附刘盼遂集解）》（第一册），中华书局1990年版，第66页。

证明所谓的龙不过属于"马、蛇之类"[1]。同时,当时的画工摹画雷神的形状更是自相矛盾,因为天上的雷电,"如无形,不得为之图象;如有形,不得谓之神"[2]。基于这种激进的写实主义立场,他进一步将批判的锋芒指向了历史画,认为已逝历史根本无法证明某人或某物的有或无,只能满足人"好高古而下今,贵所闻而贱所见"的庸常趣味。如其所言:"画工好画上代之人,秦、汉之士,功行谲奇,不肯图今世之士者,尊古卑今也。"[3]在绘画欣赏方面也一样,即"人好观图画者,图上所画,古之列人也"。面对汉代这种普遍性的嗜古风尚,他甚至认为,与其借助绘画观赏古人形貌,倒不如通过史传直接了解古人的言行更好,即"见列人之面,孰与观其言行?置之空壁,形容具存,人不激劝者,不见言行也"[4]。这就从根本上否定了历史画存在的意义。从这些论述可以看出,王充认为绘画

---

1 黄晖撰:《论衡校释(附刘盼遂集解)》(第一册),中华书局1990年版,第285页。
2 黄晖撰:《论衡校释(附刘盼遂集解)》(第一册),中华书局1990年版,第304页。
3 黄晖撰:《论衡校释(附刘盼遂集解)》(第三册),中华书局1990年版,第810—811页。
4 黄晖撰:《论衡校释(附刘盼遂集解)》(第二册),中华书局1990年版,第596页。

必须以可诉诸目视眼观的现实为对象，对于在空间或时间上只能诉诸想象的区域，则应因其虚妄而排除在外。套用韩非子和《淮南子》的话，就是绘画对象必须"旦暮罄于前"或者可以"日见"。甚而言之，在绘画与现实之间，即使绘画摹写现实，它也是有限的局部现实，并没有直接看到人的言行更有价值。这样，在王充的理论视野中，就形成了一个关于绘画的价值阶梯，即基于想象的画不如基于现实的画，基于现实的画又不如现实本身。或者说，画鬼魅不如画犬马，画犬马不如看现实中的犬马。最终导向的，必然是一种艺术取消主义。

王充生活于东汉光武和明、章时期，属于浙江上虞的"细族孤门"。他除了青年时代有在洛阳的短暂游学经历外，一生均没有进入主流思想界。他的《论衡》在当时几乎没有产生任何影响。按今本《后汉书》辑录袁山松佚文，蔡邕于汉末流亡吴地时才发现这本著作，此时距离王充离世已过了上百年时间。[1]但是，就忌虚尚实的思想指向看，他的观点并不是他所处时代的绝响，像桓谭、郑兴、张衡、蔡邕等当时的名士均与其存在思想共鸣，由此衍生出的绘画思想也大致具有相似性。

---

1 参见（南朝宋）范晔撰，（唐）李贤等注《后汉书》，中华书局1999年版，第1099页。

如汉顺帝阳嘉二年（133），张衡上奏《请禁绝图谶疏》，其中讲："画工，恶图犬马，而好作鬼魅，诚以实事难形，而虚伪不穷也。"[1]这是东汉士人再次借用韩非子的犬马与鬼魅之论来申明自己的艺术主张。但与王充的泛论不同，张衡主张图绘应该集中于实事，主要针对的是东汉弥漫于上层社会的谶纬之风，它关乎汉王朝的国家意识形态，也关乎对儒家六经的正本清源，即达到"朱紫无所眩，典籍无瑕玷"[2]。到东汉末，应劭著《风俗通义》，在这本以考证各地名物、风俗为主的著作中，他同样借用犬马与鬼魅之论来谈论自己工作的价值。如其所言："犬马旦暮在人之前，不类不可，类之故难；鬼魅无形，无形者不见，不见故易。今俗语虽云浮浅，然贤愚所共咨论，有似犬马，其为难矣。"[3]在他看来，《风俗通义》记载的是人日常习闻习见的世俗生活，它也因此会在真实性上面临公众更严格的检验，所以该书的写作要比纯凭想象臆造的作品更有难度，也更难得到人们认可。对绘画艺术而言也是如此，即愈

---

1 （南朝宋）范晔撰，（唐）李贤等注：《后汉书》，中华书局1999年版，第1291页。
2 （南朝宋）范晔撰，（唐）李贤等注：《后汉书》，中华书局1999年版，第1292页。
3 （汉）应劭撰，王利器校注：《风俗通义校注·风俗通义序》（全二册），中华书局1981年版，第16页。

是通俗的艺术，愈是要对其真实性提出更高的要求。据此可以看到，东汉学者对韩非子犬马鬼魅之论的阐释和发挥，其实是形成了一个互为补充的艺术认知体系。其中，王充对这一问题的讨论更多是哲学和思想性的，它因此涉及了当时社会艺术表达的一般问题。与此比较，张衡集中于批判统治阶层的图谶迷信，属于艺术政治；应劭则着力于民间化的鬼神信仰，属于艺术民俗。也就是说，犬马鬼魅问题的哲学基础及向雅、俗两个侧面的展开，共同形成了那一时代对艺术的体系性看法，弃易从难、舍虚向实是其基本主张。

但具有讽刺意味的是，在中国艺术史上，愈是被士人阶层反对的艺术形式，往往愈在它的时代野蛮生长。像春秋晚期，孔子着力批判郑声，并不能证明郑声的影响力在当时是无足轻重的，而恰恰说明这种世俗化的艺术成了当时社会的主流。汉代也一样，从《淮南子》到王充、张衡、应劭均批判鬼魅，相反也说明这种基于想象的艺术形式在汉代的整体泛滥状态。有汉一代，无论是早期黄老道家接续的荆楚神话传统，还是董仲舒基于齐学的天人感应论，以及统治阶层对祥瑞图谶的迷恋，均为鬼魅或神仙信仰提供了丰厚的土壤，甚至构成了那一时代对世界最基本的看法。正是因此，从《史记·天官书》

《史记·封禅书》《汉书·天文志》《汉书·郊祀志》到《后汉书·五行志》和《宋书·符瑞志》，充斥着对两汉怪力乱神的记载。按照李泽厚的讲法，这是一个"生者、死者、仙人、鬼魅、历史人物、现世图景和神话幻想同时并陈，原始图腾、儒家教义和谶纬迷信共置一处"[1]的世界。在这样一个魔幻世界，鬼魅类绘画不成为时代主流反而是令人难以想象的。据此可以认为，虽然正统的思想家总是训导艺术家要舍易取难、避虚就实，但鬼魅类的想象性书写毕竟更切近人的本能，因此更顺应人性；犬马类的现实摹写则更多基于人的理性，这种选择带有后天的强制性。换言之，在画题选择上取易舍难或选鬼魅弃犬马，因更符合人性需要而具有必然性，也必然是当时人世界观念的艺术反映。这也说明，对于中国艺术史的考察，不但要看那一时代的思想家说了什么，更要看当时的艺术家做了什么。中国传统士人往往因为所肩负的社会责任而将自己置于时俗的对立面，这使艺术理论的历史和艺术自身的历史产生了严重的分裂乃至背反。这也意味着今人必须以一种更平衡的眼光看待艺术史，即由犬马隐喻的真实天然预示了鬼魅的反真实。真正

---

[1] 李泽厚：《美的历程》，文物出版社1981年版，第72页。

的艺术史并不是非此即彼的单项选择，而是来自两种相反相成力量的共建。

二、魏晋六朝：图真原则的形质转换

在中国艺术史中，魏晋被视为艺术走向自觉的时代。这种自觉被表述为艺术自此摆脱了哲学、政治和伦理的纠缠，获得了独立价值。但需要注意的是，现代美学和艺术史家将中国艺术巨变的节点放在魏晋，并非因为中国艺术史至此发生了一场突然转向，而更多是指长期潜隐的艺术暗流至此涌成了一个高峰，它在前因与后果之间仍保持着绵长的历史连续性。

在魏晋时期，绘画的社会评价和精神品质均有重大提升，这种提升离不开当时士人的广泛参与，但这种参与却并非始自魏晋，而是从西汉就开始了。如西汉成帝时期，为了纪念名将赵充国，成帝"召黄门郎扬雄即充国图画而颂之"[1]。这是讲画工负责为赵充国画像，扬雄负责题写像颂或画赞。此后，这种协作模式成为通例。东汉时期，士人（如赵岐、张衡、刘褒、

1　（汉）班固撰，（唐）颜师古注：《汉书》，中华书局1999年版，第2251页。

蔡邕）陆续介入绘画创作，应与这一阶层与画工长期协作受到的影响有关。当然，士人由与画工协作到进而修习画艺，也使东汉绘画展现出新的精神风貌。按《后汉书》，东汉名士赵岐临终前，"先自为寿藏，图季札、子产、晏婴、叔向四像居宾位，又自画其像居主位"[1]。在恪守礼法的汉代，赵岐人物画的这种主宾排序几乎是匪夷所思的，但也说明魏晋纵情越礼、放达不羁的名士风在两汉即有它的发端。东汉蜀郡太守刘褒"画《云汉图》，人见之觉热；又画《北风图》，人见之觉凉"[2]，这种绘画的身临其境感，在魏晋六朝时期也常被用于对画家超凡技能的赞美。另外，蔡邕奉诏作画，往往自撰赞文并负责书写，被时人称为书、画、赞"三美"[3]。这终结了汉代通行的画工与士人分工协作的艺术模式，也为后世诗、书、画一体观念的滥觞。

魏晋绘画作为艺术的自觉，在很大程度上是艺术史连续运动的必然结果，而并非在这一时代出现了艺术另起炉灶的现

---

1 （宋）范晔撰，（唐）李贤等注：《后汉书》，中华书局1999年版，第1436页。
2 （唐）张彦远著，俞剑华注释：《历代名画记》，上海人民美术出版社1964年版，第85—86页。
3 （唐）张彦远著，俞剑华注释：《历代名画记》，上海人民美术出版社1964年版，第86页。

象。那么，汉代基于犬马鬼魅之辨的真实观，在这一连续运动中经历了怎样的嬗变？从画史看，从汉到魏，士人对绘画的参与，不但没有背离艺术写实原则，而且有进一步的强化。像三国时期，吴国的赵夫人图写山川地形，并不是为了自然审美，而是为孙权用兵提供参考，其画风具有现代军事地图的性质；曹不兴为孙权画屏风，"误落笔点素，因就成蝇状"，以至"权疑其真，以手弹之"[1]；徐邈为了替魏明帝捉白獭，"遂画板作鳟鱼悬岸，群獭竞来，一时执得"[2]。这类记于画史的美谈，像古希腊宙克西斯的葡萄画引来小鸟啄食一样，均是在强调画家的写实能力超凡出众，达到了以假乱真的程度。它反映了相关时代对艺术真实的崇尚。到两晋时期，这种取向仍在递进，如顾恺之《魏晋胜流画赞》评当时的名家名作：《小列女》"面如恨，刻削为容仪……一点一画皆相与成其艳姿"，《醉客》"作人形骨成而制衣服慢之，亦以助醉神耳"，《三马》"隽骨天奇，

---

[1] （唐）张彦远著，俞剑华注释：《历代名画记》，上海人民美术出版社1964年版，第89页。

[2] （唐）张彦远著，俞剑华注释：《历代名画记》，上海人民美术出版社1964年版，第89页。

其腾罩如蹑虚空,于马势尽善也"。[1]比较而言,魏晋画家显然沿袭了前朝追求形似的传统,但其中的"艳姿""醉神""隽骨""马势"等评价,则意味着当时士人对何谓"艺术真实"的理解毕竟又不同于前朝画工,而是更加看重摹写对象的本质之真和外显形象的活跃。这就是当时画论所讲的神似或传神问题。据此可以看到,在两汉和魏晋之间,既存在着不变又存在着变。不变的是绘画以图真为宗旨的传统,变的是对真实的理解有了进一步深化。至于发生这种变化的动因,则必然来自魏晋画家群体的士人化。也就是说,士人所受的教育能够使他们以更哲学的方式看待人和世界,能够透过现象看到其更本质的层面,相应必然使他们对"何谓真实"的理解与传统画工存在重大不同。

至东晋时期,这种画风的变与不变,终于被顾恺之申述了出来。值得注意的是,这次申述仍然是对前代犬马与鬼魅之论的借用,如其所言:

---

[1] (唐)张彦远著,俞剑华注释:《历代名画记》,上海人民美术出版社1964年版,第102—103、104、105页。

> 凡画，人最难，次山水，次狗马，台榭一定器耳，难成而易好，不待迁想妙得也。此以巧历不能差其品也。[1]

其中讲到的绘画对象的难易问题，显然沿袭了韩非子关于画犬马和画鬼魅的难易之分，区分的标准则仍然是真实。这说明"真实"主题不仅在汉晋画史中是连续性的，而且在画论中也同样如此。至于其中在不变中显现的变，则主要体现在以下四个方面：一是它摆脱了先秦两汉相关言论的寓言性质，开始专论绘画，画论由此摆脱政治、伦理，成为独立的艺术理论；二是顾恺之对画的品类不再以犬马与鬼魅简单二分，而是搁置了其中"易"（鬼魅）的侧面，而专论其"难"；三是对于因习闻习见而显现为"难"的画题，他不再单单拈出一个"犬马"作为比喻，而是细分出人物、山水、台榭等众多对象，甚至认为它涉及的种类是难以计算的，即"巧历不能差其品"；四是在人、山水、狗马和台榭之间又分出难易的层级，认为前三者的难在于需要画家心灵的默会（"迁想妙得"），后者（台

---

[1] （唐）张彦远著，俞剑华注释：《历代名画记》，上海人民美术出版社1964年版，第102页。

榭)的难则仅在于摹写过程和技术的烦琐("难成而易好")。

从以上分析看,魏晋时期,虽然画家的画风和画论均产生重大变化,但真实仍然是当时判断绘画价值的基本原则。一个值得继续讨论的问题是,顾恺之在谈及人物、山水和狗马的创作时,专门提到画家的心灵作用,即"迁想妙得"。按照今人的解释,所谓"迁想"即艺术想象,如叶朗讲:"'迁想',就是发挥艺术想象。要想发现、捕捉、把握一个人的风神、神韵,光靠观察是不够的,还必须发挥艺术想象。"[1]但问题是,想象是使人的心灵游离于实存对象,而不是专注于对象,这与自韩非子以来批判的鬼魅画法具有高度相似性,是反真实的。但事实果真如此吗?按《说文》:"想,觊思也。"[2]也就是说,"迁想妙得"并不是指动用人的想象力再造乃至捏造事物,而是指通过聚精会神的思考切中对象的内在本质,即由"妙得"而"得妙"。顾恺之的其他画论也印证了这一点,如其所言:"四体妍蚩,本无关于妙处,传神写照,正在阿堵中。"[3]"一像

---

[1] 叶朗:《中国美学史大纲》,上海人民出版社1985年版,第206页。
[2] (汉)许慎撰,(清)段玉裁注:《说文解字注》,上海古籍出版社1981年版,第505页。
[3] 徐震堮:《世说新语校笺》,中华书局1984年版,第388页。

之明昧，不若悟对之通神也。"[1]这些均是讲他要将绘画的求真原则从形推向神，或从现象推向本质，而不是因张扬艺术想象而导致与求真宗旨的背离。同样的问题也存在于对谢赫"六法"的理解上。像其中的"骨法用笔""应物象形""随类赋彩""经营位置""传移模写"，都是在讲绘画要模拟自然对象或自然空间，求真是不言而喻的。而对于"气韵生动"，则往往出现理解的分歧。宗白华讲："艺术家不能停留在这里。否则就是自然主义。"[2]但事实上，"气韵生动"也仍然是自然主义的，只不过是把对自然的摹写从外部形象推进到了内在本质层面。如宗白华所讲，所谓"气韵生动"就是"艺术家要进一步表达出形象内部的生命"[3]。这个"内部的生命"和人的主观心灵全然没有关系，基于当时人对自然世界——气运化（即元气自然论或气化论）的认识，它是指人或自然物本身的盎然生机及在画幅中的表现。与此一致，谢赫认为绘画的根本意义在于

---

1 （唐）张彦远著，俞剑华注释：《历代名画记》，上海人民美术出版社1964年版，第111页。
2 宗白华：《美学散步》，上海人民出版社1981年版，第43页。
3 宗白华：《美学散步》，上海人民出版社1981年版，第43页。

使"千载寂寥,披图可鉴"[1]。已逝的历史之所以能够"披图可鉴",端在于这图画以直观形式传达了历史的真实信息。换言之,摹写自然是魏晋(六朝)画家为绘画设定的基本任务,并不涉及对画家内在心灵的表现问题。

魏晋六朝绘画,以人物画为最高成就,山水画尚处于萌芽状态,但山水画论却对后世产生了更重大的影响,如宗炳的《画山水序》和王微的《叙画》。从顾恺之将画山水的难度排在仅次于人物的位置可以看到,他也是以写实或图真为其定位。与此不同,今人看宗炳的《画山水序》,往往会注意其中的"澄怀味象"和"畅神",认为它是心灵性的。但事实上,"澄怀味象"是进入绘画的心理准备,"畅神"是绘画最终达至的心理效果,均不涉及绘画本身。至于画作本身,则仍然是写实性的,即宗炳所讲的"画象布色,构兹云岭""以形写形,以色貌色"[2]以及山川与画幅之间的同比复制关系等。同样,对于王微的《叙画》,今人往往过度注意其中谈到的绘画与一般地

---

1 (唐)张彦远著,俞剑华注释:《历代名画记》,上海人民美术出版社1964年版,第139页。
2 (唐)张彦远著,俞剑华注释:《历代名画记》,上海人民美术出版社1964年版,第130页。

图的区别，以及最终获得的审美体验，即"望秋云，神飞扬；临春风，思浩荡"，但这均不意味着王微将山水视为心灵的映像。相反，王微讲："图画非止艺行，成当与《易》象同体。"[1] 就《周易》卦象在中国历史上被赋予的真理性而言，与其"同体"的画必然也是自然真身的显现，而"以一管之笔，拟太虚之体"[2]，则是讲山水画在尺幅之间映现了一气运化的宇宙真实。这显然是把真实问题哲学化了，但这种哲学化仅关乎自然世界的存在性状，而不是心灵化。换言之，无论是宗炳以"澄怀"达至对自然山水内在本质的精神聚集，还是王微借《周易》实现对实景山水的哲学放大，均不涉及主观心灵对自然山川的再造，而只是将对艺术真实的要求从现象推进到更趋本体的层面。

可以认为，魏晋六朝的人物和山水画论，虽然偶有涉及心灵问题，但并不涉及对艺术图真原则的动摇。这也是韩非子的犬马鬼魅之论被顾恺之重申的意义所在。最后需要注意的是，

---

[1] （唐）张彦远著，俞剑华注释：《历代名画记》，上海人民美术出版社1964年版，第131页。
[2] （唐）张彦远著，俞剑华注释：《历代名画记》，上海人民美术出版社1964年版，第132页。

在顾恺之对韩非子犬马鬼魅之论的借用中,他为什么要搁置鬼魅?难道魏晋六朝的绘画已不再画鬼魅,或者对这种想象性的题材已缺乏兴趣?从裴孝源《贞观公私画史》和张彦远《历代名画记》对这一时期画迹的记述及现代美术考古成果看,情况并非如此。相反,佛道神怪是当时画家热衷的题材,顾氏本人也画过《异兽古人图》《三龙图》等鬼魅类作品,以及更大量的难以"日见"的佛画和仙画。这意味着,顾恺之在其画论中对鬼魅的搁置必有其他原因,并不是因为这一主题对他的时代不再重要。大概主要是因为,魏晋六朝画家对相关画题的表现,已不再是凭空想象,而是有了现实依托,即有了相对固定的范本可供参照或临摹。如按《图画见闻志》所记,三国时期,"竺乾有康僧会者,初入吴,设像行道。时曹不兴见西国佛画仪范写之,故天下盛传曹也"[1],这是讲曹不兴的佛画参照了当时西域传来的画样。同时,从王充《论衡》看,图写鬼魅神怪在东汉时期已经形成了相对固定的范式,即画仙人要"体生毛,臂变为翼",画龙要"马首蛇尾",画雷要"累累如连鼓

---

[1] (北宋)郭若虚撰,吴企明校注:《图画见闻志校注》,上海书画出版社2020年版,第64页。

之形",画雷公要"左手引连鼓,右手推"[1],等等。这一点在后世可见的汉画像砖石中也得到了印证,如伏羲女娲像、西王母东王公像、泗水捞鼎图、二龙穿璧图,都有相对固定的画法。在汉代,这些神怪图像是否有具体的画样供当时画工参照未可确知,但它在人的经验层面已形成相对固定的图式并对画工形成规约,则是肯定的。魏晋六朝时期,这类图式或画样继续成为范本,由此衍生的新的杰出作品则继续范本化。像谢赫在其"六法"中专列"传移模写"一项,就说明对传世画本的临摹是修习画艺的基本方法。另像曹不兴画的龙和怪兽,曾长期成为魏晋六朝画家相关作品的参照,至隋代仍存有他所作的"龙头样"及"夷子蛮兽样"[2]。除此之外,在魏晋时期,原本以怪力乱神面目出现的鬼魅之物,因为被纳入佛道信仰体系而获得存在的合理性,使人难以对其真实性提出质疑。同时,在当时人看来,鬼魅世界并非不真实,而是人有限的认识能力限制了对真实的认识。如郭璞讲:"世之览《山海经》者,皆以其闳诞迂夸,多奇怪俶傥之言,莫不疑焉……物不自异,待我而后

---

[1] 黄晖撰:《论衡校释(附刘盼遂集解)》(第一册),中华书局1990年版,第303页。
[2] 裴孝源:《贞观公私画史》,载于安澜编《画品丛书》,上海人民美术出版社1982年版,第34页。

异,异果在我,非物异也……夫玩所习见而奇所希闻,此人情之常蔽也。"[1]换言之,如果拘于眼目所见的真被置换为"信以为真",如果对鬼魅的质疑被置换为对人认识能力的质疑,那么鬼魅这类虚体之物能否"罄于目前",就难以继续成为判断其真实性的依据了。

魏晋时期,鬼魅图像的固定化、怪力乱神借宗教信仰实现的合理化,以及更趋泛化的真实观,成功将被汉儒批判的虚体之物转化为经验和精神的现实。这是魏晋六朝士人普遍对相关画作持接受态度的原因,也应是顾恺之不再将其与写实对立并专门提及的原因。我们可以将这种化虚为有的时代变化称为"鬼魅的犬马化"。但是,当鬼魅转化为经验性的犬马,却未必意味着艺术的鬼魅之维在艺术中消失,反而会在经验性共识的基础上促成它的新一轮再生。一个代表性的例子是魏晋六朝时期的龙画。按《历代名画记》,曹不兴所画的青溪龙因为精妙至极,长期被视为保有神性。南朝(宋)画家陆探微曾将它置于水中,结果"应时蓄水成雾,累日霶霈"[2]。齐梁时期,张

---

[1] 周明初校注:《山海经》,浙江古籍出版社2000年版,第253页。
[2] (唐)张彦远著,俞剑华注释:《历代名画记》,上海人民美术出版社1964年版,第89页。

僧繇于金陵安乐寺画了四条白龙，其中两条点睛，两条未点，结果"须臾雷电破壁，两龙乘云腾去上天，二龙未点眼者见在"[1]。这些见于画史的记述具有传说性质，但其中传达的时代性的艺术观念仍值得注意。也就是说，这些龙画被当时人赋予神力，并不是对艺术真实原则的背离，相反，正是他们将这一原则发挥到极致的产物。艺术家凭借他们超凡的艺术才华，弥合了龙画与真龙的差异，最终使其复魅，重新成为龙本身。尤其值得注意的是，这种被赋能的艺术并不止于龙画或其他仙怪绘画，而且也包括现实题材。像顾恺之画人，"数年不点目睛"或"颊上加三毛"，认为"目睛"和"三毛"是人的"传神"和"识具"所在。这显然是要在人的体貌特征上抓住关键环节，以充当通神的媒介物。[2] 或者说，虽然它被称为"识具"，但其实是"神具"。

以此为背景，如下关于顾恺之逸事的出现也就变得顺理成章起来。按《历代名画记》，顾恺之爱上了一位邻家女孩，"乃

---

[1] （唐）张彦远著，俞剑华注释：《历代名画记》，上海人民美术出版社1964年版，第151页。
[2] 参见徐震堮《世说新语校笺》，中华书局1984年版，第387—388页。

画女于壁,当心钉之,女患心痛,告于长康,拔去钉乃愈"[1]。这则逸闻是对顾恺之画艺的神化,但作为一种观念,它却昭示了当时人对艺术写实原则的普遍崇尚,认为愈是原真,愈能显现神性,愈是写实,愈能超越现实,直至使包括现实题材在内的一切艺术均显现出向神异之维再生的可能。据此,从一般意义上的"写形"到"写神",再到通神,基本可以概括魏晋时代的艺术信仰。但这"通神"并不是对前朝鬼魅主题的复返或重复,而是意在申明写实达到了极限,同样可以使艺术超凡绝俗、出神入化。

三、唐:图真原则的综合与歧变

作为一种连续性的艺术叙事,由韩非子的犬马鬼魅之论昭示的艺术真实原则,在魏晋六朝时期完成了从形到质("传神""气韵""灵质""易象""太虚")的递进,并被深化了。而鬼魅的再生,则是源自"传神""气韵""灵质""易象""太

---

[1] (唐)张彦远著,俞剑华注释:《历代名画记》,上海人民美术出版社1964年版,第97页。

虚"这些概念反向溢出的艺术奇观性。但问题并没有到此结束。隋唐时期,这一主题获得了更趋综合性的表达。如张彦远认为,绘画"纵得形似而气韵不生",就不是好画;相反,"以气韵求其画,则形似在其间矣"[1]。基于这种看法,张彦远重新讨论了顾恺之的艺术难易等级问题,如其所言:

> 古之嫔擘纤而胸束,古之马喙尖而腹细,古之台阁竦峙,古之服饰容曳,故古画非独变态有奇意也,抑亦物象殊也。至于台阁树石,车舆器物,无生动之可拟,无气韵之可侔,直要位置向背而已。顾恺之曰:"画人最难,次山水,次狗马,其台阁一定器耳,差易为也。"斯言得之。[2]

这是讲古代人物、犬马、服饰均有独特的样貌、意态或形象,不但当时人不好把捉其内在气韵的生动性,后人更难以领

---

1 (唐)张彦远著,俞剑华注释:《历代名画记》,上海人民美术出版社1964年版,第23页。
2 (唐)张彦远著,俞剑华注释:《历代名画记》,上海人民美术出版社1964年版,第23—24页。

会。至于台阁、车舆、器物等，则只是一些有定式的人工造物。它不涉及气韵生动，所以一方面易画，另一方面也仅作为画中人物的活动场域，是边缘性的。以此为背景，张彦远又将被顾恺之搁置的"鬼魅"重新纳入了他的理论视域，如其所言：

> 至于鬼神人物，有生动之可状，须神韵而后全，若气韵不周，空陈形似，笔力未遒，空善赋彩，谓非妙也。故韩子曰："狗马难，鬼神易。狗马乃凡俗所见，鬼神乃谲怪之状。"斯言得之。[1]

如前所言，我国的释道画，自魏晋即因为有诸多可临摹的图样而趋于稳定。到隋唐时期，更是形成了由曹家样、张家样、吴家样等组成的多元化图式体系，化虚为实已经成为常态，通过依样复制达至形似更不成问题。正是因此，张彦远认为，画鬼神人物，凭空想象固然是虚妄的，流于临摹也等于

---

[1] （唐）张彦远著，俞剑华注释：《历代名画记》，上海人民美术出版社1964年版，第24页。

"空陈形似"。鬼魅类作品如果真正富有艺术价值,必须在形似的基础上使其进一步气韵生动,成为活的形象。

从这些论述可以看出,张彦远在其画论中,一方面接续韩非子至顾恺之的犬马与鬼魅之论,另一方面也有新的理论发挥。其贡献大致有三。一是,《历代名画记》重提这一问题,使关于绘画真实性的讨论成为一个纵贯汉唐的连续性主题,为理解中国历史前半段的绘画观念提供了可以遵循的基本原则。关于这一原则对汉唐绘画实践的前后统贯,明人谢肇淛曾讲:"自唐以前,名画未有无故事者。盖有故事便须立意结构,事事考订,人物衣冠制度,宫室规模大略,城郭山川形势向背,皆不得草草下笔,非若今人任意师心,卤莽灭裂,动辄托之写意而止也。"[1] 谢氏所讲的"故事",包括了实物和实事两个方面,即自然真实和社会历史真实,凸显了图真原则对汉唐画史的整体涵盖。

二是,张彦远综合了魏晋至唐的种种理论探索,以"气韵生动"重新界定何谓真实,这就为图真原则从形到质的新变理出了一个线索,使艺术史在"法古"与"变今"之间保持了连

---

1 (明)谢肇淛:《五杂组》(上),中华书局1959年版,第196页。

续性。从唐人画论看，以"气韵生动"与传统形似观相区隔，在当时是共识性的看法。如裴孝源批评他同时代的末流画家"未及于风神，尚汲汲于形似"[1]，这里的"风神"可以理解为气韵的外化形式。释彦悰评江志的画"笔力劲健，风神顿爽。模山拟水，得其真体"[2]，则是将风神或气韵视为艺术更本质的真，即"真体"。另外，李嗣真以"气韵标举，风格遒俊"[3]评隋初画家郑法士，朱景玄以神、妙、能为唐画分品，也反映了大致相类的艺术价值观。这意味着从魏晋至唐，虽然艺术评鉴用词存在差异，但总体取向却具有一致性，即艺术虽奠基于形似，但不应停滞于形似，而是要在形似背后探寻更切近事物本质的内容。

三是，张彦远借"气韵生动"这一超越形似的更高真实原则，将传统被贬斥或无视的鬼魅类绘画纳入主流艺术，这就在理论上解决了这一画种艺术身份长期晦暗不明的问题，使其获

---

1 （唐）裴孝源：《贞观公私画史》，载于安澜编《画品丛书》，上海人民美术出版社1982年版，第43页。
2 （唐）释彦悰：《后画录》，载于安澜编《画品丛书》，上海人民美术出版社1982年版，第50页。
3 （唐）张彦远著，俞剑华注释：《历代名画记》，上海人民美术出版社1964年版，第160页。

得了与犬马人物相同的评价标准。正是在这一意义上,唐人画释道神怪,不再像汉代一样卷入摹写对象真与假、难与易的争论,而是集中于画作是否具有生命感,即"死画满壁,曷如污墁?真画一划,见其生气"[1]。也就是说,绘画的关键问题在于气韵生动,而不在于选择了什么样的题材。

以上所论,大致就是由犬马与鬼魅之论开启的真实性原则在中国汉唐画史中的运动轨迹。需要注意的是,就像真实总是与虚妄并峙,心灵也总是与真实交相成长。就心灵与真实的关系看,魏晋时期,当顾恺之以本质性的真实(神似)取代现象性的真实(形似),也就等于为画家提出了一个反求诸己的任务,即如何通过强化心灵的认识和领悟能力来实现对对象事物内在本质的把握。也就是说,对象的本质性同时要求内在心灵的本质性,这是顾恺之既谈"传神写照"又谈"迁想妙得"的意义所在。此后,宗炳讲"澄怀味象",王微讲"心止灵亡见"[2],也是以心灵的沉潜作为对对象形成本质直观的前提。这

---

[1] (唐)张彦远著,俞剑华注释:《历代名画记》,上海人民美术出版社1964年版,第36页。
[2] (唐)张彦远著,俞剑华注释:《历代名画记》,上海人民美术出版社1964年版,第132页。

就提出了一个问题，即魏晋六朝的画家虽然坚守图真原则，并将心灵的作用限定在创作的前期准备和后发效果阶段，但这是否能够避免画作本身的心灵化？或者说，魏晋画家言之凿凿的所谓"图真"，到底图的是事物内在本质之真还是内在心灵之真？对此，可能唯一有效的回答只能是他们在观念层面认为自己达到了图真目标，至于画中图景到底是写实性还是心灵性的，则必须存而不论。据此可以认为，在澄空心灵更容易看清世界与进而导致绘画的心灵化之间，存在着两相叠合的重大可能，并不好画出截然的分界。这意味着，自魏晋始，真实原则的内化在不断提示着一个临界点的出现，即它可以使艺术更切近事物的内在本质，但摹写对象的本质化也极易导致它的虚体化或虚灵化，从而为心灵的介入提供契机。

种种迹象表明，有唐一代正是接续如上问题从而导致艺术发生重大歧变的时代。一个代表性的案例，是吴道子和李思训共画嘉陵江时出现的分歧。按《唐朝名画录》：

> 明皇天宝中忽思蜀道嘉陵江水，遂假吴生驿驷，令往写貌。及回日，帝问其状，奏曰："臣无粉本，并记在

心。"后宣令于大同殿图之,嘉陵江三百余里山水,一日而毕。时有李思训将军,山水擅名,帝亦宣于大同殿图,累月方毕。明皇云:"李思训数月之功,吴道子一日之迹,皆极其妙也。"[1]

比较言之,吴道子虽然有前往嘉陵江实地考察的经历,但并没有留下粉本作为后期创作的基础。所谓"并记在心",注定他对嘉陵江的描绘是大而化之的、虚灵化的;所谓"一日而毕",则必然意味着相关画作更多遵循了心灵的原则,即被心灵涵摄或重塑的自然压倒了嘉陵江的实然。

正是在这一背景下,传统的写实原则在唐代发生了动摇,艺术取向既表现为写实与写意的分裂和并峙,又体现出从摹写现实向摹写心灵逐步位移的大趋势。像在《唐朝名画录》中,朱景玄将吴道子和周昉、李思训等写实派画家的作品同列为神品,但吴道子被排在最高位置,这可以反映出作者既寻求两者兼容又向心灵倾斜的艺术观。同时,朱景玄在神、妙、能三品

---

[1] (唐)朱景玄:《唐朝名画录》,载于安澜编《画品丛书》,上海人民美术出版社1982年版,第75页。

之外又专列出一个逸品,则是对这一取向的强化。像其中的王默,在唐代以画泼墨山水著称,按《唐朝名画录》:"(王默)醺酣之后,即以墨泼。或笑或吟,脚蹙手抹。或挥或扫,或淡或浓,随其形状,为山为石,为云为水。应手随意,倏若造化。"[1]这显然已不是围绕真实形成的形似或神似二分,而是一种纯任个体精神自由的创作法,一种激进的心灵主义。正是在这一背景下,唐代画论虽然试图在心灵与自然之间寻求折中,如张璪讲:"外师造化,中得心源。"[2]而对自然性的形似乃至神似的脱离,却昭示了中国绘画日益从自然滑向心灵的新走向。从画史看,这种自然的虚灵化以及心灵的崛起趋势,唐代仍是初始阶段,后世则逐渐翻转为中国画的主流。如至北宋时期,画家(宋迪)面对一堵败墙,就可以靠"心存目想""神领意造"画出山水杰作。[3]画家从没有去过潇湘,并不妨碍他画出种种《潇湘图》;从未到过蜀地,也并不影响他"想象图岷

---

[1] (唐)朱景玄:《唐朝名画录》,载于安澜编《画品丛书》,上海人民美术出版社1982年版,第87—88页。
[2] (唐)张彦远著,俞剑华注释:《历代名画记》,上海人民美术出版社1964年版,第201页。
[3] 参见张富祥译注《梦溪笔谈》,中华书局2009年版,第185页。

峨"[1]。按照这一趋势，中国绘画最终进入纯然"境由心造"的时代具有必然性。这是一个艺术去物化的过程，也是心灵因素从早期画论的被遏制到逐步占据主位的过程。

详勘中国画史自魏晋至唐发生的这场转折，需要给予特别注意的一个词是"意"。它的词义弹性既维系了中国画史在中古时期的连续性，又显现出画史不断从物向心迁移的过程。从魏晋六朝画史看，当时画论对"意"的理解大体和魏晋玄学开启的言象意之辨保持了一致。这一辨析源于《易传·系辞上》："子曰：'书不尽言，言不尽意。'然则圣人之意，其不可见乎？子曰：'圣人立象以尽意……'"[2]这里的"意"，由于前面加了一个"圣人"的前缀，极易使人认为它是主观性或心灵性的，但基于中国早期文献对圣人的定位，他的任务并不是使对象世界心灵化，而是要有效完成对天地自然奥义原真性的传达。魏晋时期，王弼的《周易略例·明象》正是在这个意义上定位"意"的，此后两晋南北朝的画论也基本上遵循了这一义解。如宗炳讲："夫理绝于中古之上者，可意求于千载之

---

1 （元）方回：《桐江续集》（四库影印本），上海古籍出版社1987年版，第538页。
2 《十三经注疏》整理委员会整理，李学勤主编：《十三经注疏·周易正义》，北京大学出版社1999年版，第291页。

下；旨微于言象之外者，可心取于书策之内。"[1] 这里的"意"，表面看是指主体性的意欲，但事实上却是对上古之"理"的接纳，它是"言"与"象"所要揭示或再现的对象。所谓"意求"也是指"求意"。此后，王微《叙画》通篇没有出现"意"字，但它开篇即引用颜延之的话，"图画非止艺行，成当与《易》象同体"，并将绘画的任务定位为"以一管之笔，拟太虚之体"。[2] 据此可以看出，《叙画》也是以《周易》的象论定位绘画，"太虚之体"就是他讲的"意"。到初唐，李嗣真《画品》讲："意者天降圣人为后生则，何以制作之妙拟于阴阳者乎？"[3] 这句话指出了意的超验性（"天降"）及圣人的承接者角色，同时说它"妙拟于阴阳"，也是强调了它实指天地奥义，而非心灵之意。其他夹在晋唐之间的画论，也大体认为"意"与主体无涉，如谢赫批顾恺之"迹不逮意，声过其实"[4]，姚最

---

1 （唐）张彦远著，俞剑华注释：《历代名画记》，上海人民美术出版社1964年版，第130页。
2 （唐）张彦远著，俞剑华注释：《历代名画记》，上海人民美术出版社1964年版，第131、132页。
3 （唐）张彦远著，俞剑华注释：《历代名画记》，上海人民美术出版社1964年版，第152页。
4 （南朝齐）谢赫：《古画品录》，载于安澜编《画品丛书》，上海人民美术出版社1982年版，第8页。

评谢赫"点刷精研,意存形似"[1],等等。

但中唐以降,画论家对"意"的使用却悄然发生了变化,使其从一个关于自然或绘画深层奥义的概念转化为一个主体心灵的概念,其标志是"意在笔先"开始被王维、张彦远、荆浩等反复提及。"意在笔先"最早是东晋王羲之谈书法创作的主张,强调了心灵筹划之于书写的前置性。如其所言:"夫欲书者,先乾研墨,凝神静思,预想字形大小、偃仰、平直、振动,令筋脉相连,意在笔前,然后作字。"[2] 有这种前置,"意"也就必然形成对书写过程的贯穿和笼罩,最终使书法成为书写者心灵的映像。换言之,魏晋书学中的"意"和当时由《周易》演绎出来的画学中的"意",具有截然不同的性质,前者是心灵性的,后者是自然性的。而唐代画论之所以开始谈"意在笔先",则和当时绘画日益书法化有关。按《历代名画记》,中国绘画自顾恺之时代开始了对书法笔意的借用,后至陆探微、张僧繇则融会更深。但从画史看,张彦远谈顾、陆、张,

---

[1] (唐)张彦远著,俞剑华注释:《历代名画记》,上海人民美术出版社1964年版,第139页。
[2] 上海书画出版社、华东师范大学古籍整理研究室选编校点:《历代书法论文选》(上册),上海书画出版社1979年版,第26页。

只是为其书画同体观念做历史溯源工作,事实上他们做不到这一点。比如按照谢赫"随类赋彩"的讲法,魏晋六朝绘画仍需要通过临摹、勾线等方式做出粉本,然后赋彩或设色,即孔子所谓的"绘事后素"。程序相当复杂,根本达不到自由挥洒状态。张彦远讲魏晋山水画中的群峰"若钿饰犀栉"、树石"若伸臂布指"[1],正是在说明其工序的烦琐和由此导致的机械感。到初唐,这种画法仍没有改变,即张彦远谈到阎立本等人的作品"状石则务于雕透,如冰澌斧刃;绘树则刷脉镂叶,多栖梧菀柳"[2]。以此为背景,吴道子对唐画的重大变革意义就凸显出来。他在绘画中放弃了界笔和直尺,不再细密勾线、追求形似,而是开始"离披点画"。同时通过对张旭草书、裴旻剑舞的借鉴,使绘画真正有了流畅的动感,开始像书法一样"一笔而成,气脉通连"[3]起来。也就是说,自吴道子始,唐画真正开启了笔随心运的时代。于此,绘画的书法化就是艺术表达的

---

[1] （唐）张彦远著,俞剑华注释:《历代名画记》,上海人民美术出版社1964年版,第26页。
[2] （唐）张彦远著,俞剑华注释:《历代名画记》,上海人民美术出版社1964年版,第26页。
[3] （唐）张彦远著,俞剑华注释:《历代名画记》,上海人民美术出版社1964年版,第34页。

自由化,艺术造型在画中所占的权重让位于心灵自由。所谓绘画的"写意",当然也就随之从再现作为天地自然奥义的物意,转变为表现画家自由心灵的心意。

关于吴道子转型之于画史的意义,从张彦远到北宋郭若虚均给予极高评价。如张彦远讲:"国朝吴道玄古今独步,前不见顾、陆,后无来者。"[1]郭若虚讲:"吴生之作,为万世法。"但众所周知,这种推崇也是过渡性的,此后的文人画史则以王维为精神领袖。比较来看,在中国画史中,吴道子重视心灵,但他对魏晋的革新仍是技术性的,所谓"意在笔先"就仍然意味着"笔"是主干,并没有真正使"意"成为绘画的全体或本身。同时,虽然吴道子不再拘泥于画中物象的造型,但造型仍具有重要性。比如,当他用飞动的线条勾勒出人物的轮廓后,就懒得继续为画赋彩,但他的助手仍然要完成相关工作,即"吴生每画落笔便去,多使琰与张藏布色,浓淡无不得其所"[2]。与此比较,王维显然走得更远,比如他放弃了绘画对设色的要

---

[1] (唐)张彦远著,俞剑华注释:《历代名画记》,上海人民美术出版社1964年版,第34页。
[2] (唐)张彦远著,俞剑华注释:《历代名画记》,上海人民美术出版社1964年版,第178页。

求，主张"画道之中，水墨最为上"[1]。更重要的是，中国绘画长期持守的真实原则，如形似与神似、现实与历史，对他均已不再构成约束。如宋沈括《梦溪笔谈》录张彦远《画评》云："王维画物，多不问四时，如画花，往往以桃、杏、芙蓉、莲花同画一景。"[2]这是讲王维画花不再顾及花朵开放的季节性。他的《袁安卧雪图》中有"雪中芭蕉"一景，同样违背人的四季经验。更严重的是他的《伏生授经图》，该画描绘西汉经学家伏生传授《尚书》的情景，但无论是画中人物的讲经方式、坐姿，还是手持的纸质经卷、对几案高度的处理等，均与历史实况相悖，几乎出现了全面的错误。

植物画的非季节性和历史画的非历史性，构成了王维如上作品的典型特征。对于他画中出现的"错漏"，后世批评者有之，辩护者亦有之，但他果真就缺乏花开的四季经验和对汉人日常生活起居的了解吗？这中间，如果说他的历史画忽略了汉人与唐人起行坐卧的差异，倒在情理之中，因为按张彦远的记述，这是唐画中常见的错误，但如果说他连花朵的开放季节也

---

1 王伯敏、任道斌主编：《画学集成 六朝—元》，河北美术出版社2002年版，第67页。
2 张富祥译注：《梦溪笔谈》，中华书局2009年版，第179—180页。

不懂，则未免太过荒谬。按《唐国史补》，他甚至可以根据一幅《奏乐图》推断出画中乐工正演奏乐曲的乐章和节拍，这证明他有超常的细节辨识力，起码不会犯弄错花季的低级错误。对此，合理的解释只能来自他的佛教背景。按《金刚经》："一切有为法，如梦幻泡影，如露亦如电，应作如是观。"[1] 又按《摩诃般若波罗蜜经》："诸法如幻、如焰、如水中月、如虚空、如响、如犍闼婆城、如梦、如影、如镜中像、如化。"[2] 根据这种观念，空幻构成了世间万物存在的本相，不仅四季流转缺乏意义，而且历史也不过是在刹那与永劫之间张开的一片空寂。就此而言，执系于花开花落的自然经验和历史的细节真实，明显是荒谬的，属于"念念说空，不识真空"[3]。而无论王维的画花还是《伏生授经图》中的错漏，则因此具有故意而为的性质。他无非是要以经验层面的"破相"，来印证佛理中的"凡所有相，皆是虚妄"[4]。据此可以看到，中国画到了王维，已重置了世界的存在性状，不仅执着于眼目色相的形似无意义，

---

[1] 陈秋平、尚荣译注：《金刚经 心经 坛经》，中华书局2010年版，第112页。
[2] （后秦）鸠摩罗什译：《摩诃般若波罗蜜经》，上海古籍出版社1994年版，第1页。
[3] 释惟护法师：《〈坛经〉注解》（上），上海社会科学院出版社2017年版，第82页。
[4] 陈秋平、尚荣译注：《金刚经 心经 坛经》，中华书局2010年版，第30页。

而且魏晋至唐关于物内蕴（传神、气韵、灵质、太虚）意义的设定，也终究不过是一片空空如也。

对于中国崇真尚实的文化传统而言，佛教的空观是毁灭性的。在绘画领域，它也是对传统形神或形质对峙的真实观的全面扫荡。但是在现实中，对万法皆空的洞见，又必然是以对色相世界的观照为前提的。或者说，它必须以色喻空，于相离相。由此，在绘画中，以最低限度的相（或象）达至对空境的昭示，就规划了佛禅艺术的道路，这也是王维在其画中故意弱化花的自然性状和历史细节的原因所在。同时，世相的空幻又是以人对这种性质的领悟和觉解为前提的，这样自然之空就成为心灵空无的映像形式，甚至可以直接内化为心灵之空。据此看王维的"雪中芭蕉"和《伏生授经图》，实具有镜花水月的性质，它只不过是虚空世界之上泛起的自然和历史的幻影。如果说这里面仍然有"意"，那它肯定不再是魏晋基于自然深度认知的物意，也不是张彦远等以"意在笔先"昭示的心灵之意，而是整个画面呈现的虚灵化的心境。或者说，传统画论涉及的物意、心意二分，至此已提升为非心非物的镜像状态。在这一背景下，不但区分花开四季、辨识历史细节无意义，而且由此回看纵贯汉唐的犬马与鬼魅之论，也更有恍若隔世之感。

也就是说,这些现实性的论题在根基处被佛教的空观颠覆了。当然,也可以说它们被重建了,即它超越了历史与现实、犬马与鬼魅,泯合了心与物的差异,最终呈现为心灵和世界的空明灵觉状态,这就是美学层面常谈的"意境"或"境界"。

四、综合与拓展

1985年,叶朗曾在其《中国美学史大纲》中指出:

> 我们在讲《易传》的美学时谈到一个问题,就是中国美学(或中国艺术体系)和西方美学(或西方艺术体系)的区别的问题。我们曾说过,一种常见的说法是认为西方美学强调"再现"、模拟,而中国美学则强调"表现"、发抒、写意。我一直怀疑这样来区别中国美学和西方美学,是不是真正把握住了中国美学(或中国艺术体系)的真义。因为中国美学并不是不强调"再现"、模拟。《易传》的"观物取象"的命题,不就是讲"再现"吗?[1]

---

[1] 叶朗:《中国美学史大纲》,上海人民出版社1985年版,第223—224页。

现代以来的中国美学和艺术史研究，是以在中西之间寻找差异为前提的，好像只有这种差异存在，中国美学和艺术史才可以成立，也才有必要成立。但是，这种差异显然是被前置性的本土意识强化出来的，就人性的普遍性和共通感觉力而言，中西的共同性永远大于差异性。本文借犬马与鬼魅问题展开的对中国历史中前半段画史的讨论，正是意在阐明图真之于人类早期艺术的普遍性和价值观念的奠基性，中国也概莫能外。当然，叶朗也认为，魏晋南北朝是中西艺术出现分殊的关节点，其表现是中国哲学的气化论在这一时期进入艺术，使艺术摹写不再局限于单个的人或物，而是要借此"表现全宇宙的气韵、生命、生机"[1]。但如前文所言，这种"全宇宙的气韵、生命、生机"，并不是对真实原则的背离，而是对它的深化和放大。也就是说，中国人气运化、生生不息的宇宙观被以绘画的方式呈现出来，它仍然是写实或图真的绘画。同样，从有唐一代的画论将"气韵生动"奉为圭臬，我们也可以看出写实或图真仍是当时艺术的主流。对于这种主流倾向，北宋郭若虚曾讲："考前贤画论，首称像人，不独神气、骨法、衣纹、向背为难，盖古人必以圣贤形像，往昔事

---

[1] 叶朗：《中国美学史大纲》，上海人民出版社1985年版，第224页。

实,含毫命素,制为图画者。"[1] 顾炎武则在其《日知录》中,详细梳理了上自三代下至隋唐的画迹,认为"古人图画皆指事为之""皆指事象物之作"[2]。这意味着图真原则至少对中国唐以前的绘画史是具有约束力的,这也是本文拈出韩非子的犬马与鬼魅来讨论并定位中国前期艺术史的原因所在。

当然,正如在中西之间作非此即彼的比较显现出狭隘性,以唐为界对中国画史作截然的前后切分也同样专横。事实上,此后北宋李成、范宽等的大山大水,李公麟的《五马图》,黄筌、黄居寀、赵昌、赵佶的花鸟画,也无法被简单称为"写意作品"。到元明,人们一般认为中国画真正进入写意或文人画时代,但写实能力依然具有奠基性。如被奉为浙画鼻祖的戴文进,按谢肇淛所记:"戴文进至金陵,行李为一佣肩去,杳不可识,乃从酒家借纸笔图其状貌,集众佣示之。众曰:'是某人也。'随至其家,得行李焉。"[3] 这说明,所谓"写意"并不是空设意趣,而是有其写实的功夫在先,是从写实漫溢出的意

---

[1] (北宋)郭若虚撰,吴企明校注:《图画见闻志校注》,上海书画出版社2020年版,第25页。
[2] (清)顾炎武著,陈垣校注:《日知录校注》,安徽大学出版社2007年版,第1193、1194页。
[3] (明)谢肇淛:《五杂组》(上),中华书局1959年版,第202页。

趣。据此可以看到，自唐中期以降，虽然尚意渐成中国画的主流，但写实这一基础并没有被否定。如谢肇淛讲："唐初虽有山水，然尚精工。如李思训、王摩诘之笔，皆细入毫芒。"[1] 王维被后世视为文人画之祖，谢氏却将其与李思训并称，认为两者皆尚精工，用笔细入毫芒，这是颇堪玩味的。到北宋，以苏东坡为代表，超越形似、追求意趣成为当时画坛的强音，但从欧阳修与吴育根据猫眼判断画中牡丹开放的时辰，到宋徽宗辨析孔雀升墩先迈左脚还是右脚，均意味着所谓"写意"并不是对写实的脱离，反而是将写实强化到极限后达至的反向效果。苏轼曾讲："余尝论画，以为人禽宫室器用皆有常形。至于山石竹木，水波烟云，虽无常形，而有常理。常形之失，人皆知之。常理之不当，虽晓画者有不知。"[2] 这里的"常理"正是"常形"背后更高的真实。它不是对形似的脱离，而是对形似的深化。相反，"凡可以欺世而取名者，必托于无常形者也"[3]。可以认为，唯有理解了这种形、理关系，才能理解北宋绘画为

---

[1] （明）谢肇淛：《五杂组》(上)，中华书局1959年版，第193页。
[2] （北宋）苏轼：《净因院画记》，载孔凡礼点校《苏轼文集》(全六册)，中华书局1986年版，第367页。
[3] （北宋）苏轼：《净因院画记》，载孔凡礼点校《苏轼文集》(全六册)，中华书局1986年版，第367页。

什么一方面大谈尚意,另一方面却具有更鲜明的科学和理性主义精神。据此也可以看到,即使我们认定中国画史存在着一个从写实向写意、从再现到表现递变的大方向,这一心灵化的过程也不是在某一历史时刻出现了断崖式的突转,而更多是次第性的拾级而下。同时,最极端的写实与最极端的抒写心灵也并非截然对立,反而是在南辕北辙的极限处出现了相反相成的抱合状态。正如宗白华所译侯德林的诗:"谁沉冥到那无边际的'深',将热爱着这最生动的'生'。"[1]这种"深"的虚灵性与"生"的活跃性,也就是苏轼在其论画诗中所讲的"天工"与"清新"、"疏澹"与"精匀"的统一,它将中国艺术推向了理论和实践的山脊地带。

但是,无论我们如何试图通过写实原则维系中国画史的连续性,它不断的新变也并不能因此被遗忘。佛教对中国画史所呈现的截断众流、重塑山河的意义更是如此。就其对中国艺术史的影响看,佛教自东汉即进入中国艺术,魏晋至唐则更成为主流性的画题。但是,它更重要的影响仍然在于艺术观和世界观层面。对此,许多学者认为宗炳、谢赫等的画论均受到

---

[1] 宗白华:《美学散步》,上海人民出版社1981年版,第68页。

了佛教的影响,但它真正形成颠覆性影响仍然要到唐代。在中国哲学史中,心的问题自先秦诸子时代即有广泛讨论,但它本体性的确立到唐代才真正变得显明起来。禅宗所谓"风动""幡动""仁者心动"[1]之论,正是这种趋向的反映,而南宗禅从"即心即佛"向"非心非佛"的递变,则预示着心体的敞开及对万物的反向朗照。由此,中国艺术长期执系的物和物境转换为心与心境,而意则从物意转向心意。美学和艺术意义的"意象""意境"和"境界",也至此才有了它真正的发端。从唐代画史看,王维无疑是这一艺术观念最重要的开启者和践履者,但同样也是一位孤独的先驱。有唐一代,他在朱景玄的四品分类中,仅被排在"妙品"的位置;在《历代名画记》中,也不过被视为中流画家。到北宋,郭若虚对他的评价基本沿袭了《历代名画记》,米芾《画史》和《宣和画谱》的评价则略有上升。其中,苏轼是他最重的知音,并由此提出"文人画"概念,但这一画种真正成为中国画的主流仍然要到元朝。至于王维在理论上获得宗主地位,则要到董其昌。回顾这一漫长过程,今人往往因为怀有对本土文化的敬意而着意强调文人画思

---

[1] 释惟护法师:《〈坛经〉注解》(上),上海社会科学院出版社2017年版,第63页。

想中非佛教的侧面，如道家的庄子、儒家的心性论等，但中国本土哲学在晋唐时代并没有表现出相关思想和艺术的自生能力。毋庸讳言，是佛教主导了这场艺术变革，道家和儒家的进入均是被这个外来宗教激活或重新点亮的结果。

最后看犬马与鬼魅之辨。就这一画题彰显的真实性原则而言，可以认为，它对整个中国画史均有解释能力，但关键问题是，中国人的真实观在不断发生变化。比如两汉时期，所谓"真实"是以对象是否"旦暮罄于前"为标准的，即一般所谓的"眼见为实"。这一可视或可感的标准质朴、简明而直接，由此导出的艺术取向必然是追求形似。到魏晋六朝，这一标准由形向质内化，表象的真实让位于事物内在气韵和灵质的真实。到唐代，张彦远以"气韵生动"定位真实，这是对前朝的延续，但在具体论述中显现出更大的复杂性。比如，他论画犬马人物之难，举的例子是古今女性和犬马在体貌（和衣着）方面存在差异，这就不但涉及现实真实，也涉及历史真实；不但涉及历史画创作，也涉及历史画鉴赏。同时，张彦远赋予了鬼魅类绘画存在的合理性，关键在于"气韵生动"这一真实标准弱化了对象的可视可感性。但作为一种补救，唐代相关画样的存在则又为它化虚为实提供了基础。这样，至张彦远，不但真实标准发生了从形到质的变化，而且也出现了从现实真实向图像真实的迁移。简言之，历史维度和虚幻画题的进入，一方面拓展了唐人对真实问题的认识视域，显现出理论的综合性，另一方面也使真与假或实与虚的边界更加模糊。但问题并没有就此结束。如前所言，有唐一代，佛教空前地进入中国艺术，它讲"凡所有相，皆是虚妄。若见诸相非相，即见如来"[1]，这就将传统中国基于现实感知经验的真实全面倒置为虚妄，而一无所有的空幻则成了最高的真实。与此一致，佛教讲"纯想即飞，纯情即堕"[2]，这预示着愈是重视感性经验愈是堕入迷障，愈是纯任心灵，愈是进入真理之境。由此，传统画论中所着意的犬马不但恰巧翻转为鬼魅，而且双方共同坠入空无，成为一种心灵的幻影。因此，中国画史上的犬马与鬼魅之辨，前所未有地风雨飘摇起来。

但如上所言，在唐代，佛教空观对中国传统画论的动摇仍然更多存在于理论层面，像王维一类的佛禅艺术家仍具有空谷足音的性质。正是因此，到宋代，仍有思想者以犬马与鬼魅论

---

1 陈秋平、尚荣译注：《金刚经 心经 坛经》，中华书局2010年版，第30—31页。
2 吕澂：《吕澂大德文汇》，华夏出版社2012年版，第82页。

画,如欧阳修讲:"善言画者多云鬼神易为工,以谓画以形似为难,鬼神人不见也。然至其阴威惨淡,变化超腾,而穷奇极怪,使人见辄惊绝,及徐而定视,则千状万态,笔简而意足,是不亦为难哉?"[1]这是张彦远之后,唐宋画论再次肯定画鬼魅的价值。但与张彦远不同的是,欧阳修不再为这类画作的被肯定设定门槛,如气韵、笔力等,而是直陈它飞扬的想象力和令人惊颤的艺术效果。这预示着经过唐五代300余年的历史变迁,鬼魅画不仅发展到了与写实性绘画比肩的位置,而且由于它的虚体性质,更易与人的心灵相契合。欧阳修的如上论说是否受到佛教的影响未可尽知,但由此标识的以空为有、化虚为实的趋向至为明显。他所谓的"笔简而意足",无非是将外在的形似或神似标准彻底置换为心灵的标准。至此,如果说犬马与鬼魅二分对确立绘画的价值仍然是有效的,那么心灵的真实就全然取代了现实的真实;当鬼魅因其需要人丰富的想象力和笔法的简易而显现为难,相应也就使只需依样临摹的犬马成为绘画题材中的易。从画史看,这种犬马与鬼魅难易关系的置

---

[1] (宋)欧阳修:《题薛公期画》,载李逸安点校《欧阳修全集》(全六册),中华书局2001年版,第1058页。

换，正是从王维到北宋士人不断延伸出的文人画的新方向。苏轼讲："观士人画，如阅天下马，取其意气所到。"[1]这正是在强调画家主体性的心灵对绘画的主导和统摄。在这种背景下，按照犬马与鬼魅之辨，此后文人画逐步占据中国艺术主位的历史就成为一部鬼魅史。当然，它不是使绘画变得更容易，而是变得更困难。与此相应，由犬马隐喻的写实传统则逐步淡出中国画的主流，成为艺术水准低端、匠气的象征。面对这种艺术价值在真与假、虚与实、难与易之间的全面倒置，人们当然仍可以将这个围绕犬马与鬼魅形成的画史叙事继续书写下去，但相关论述必将沦为逻辑的狡计，并不具有现实价值。也就是说，就其彰显的艺术原则对中国绘画史形成的约束力而言，它基本上随着文人画的崛起走向了终结。而欧阳修提出的关于这一画题的反论，则成为其终结的标志。

（原刊《文艺研究》2023年第4期）

---

[1] （宋）苏轼：《又跋汉杰画山二首》，载孔凡礼点校《苏轼文集》（全六册），中华书局1986年版，第2216页。